AF619322

Nattens paradis

NATTENS PARADIS

Svenska sällsamheter

Valda och presenterade av

Rickard Berghorn

ALEPH

Bokförlag

Henning Berger: *Uppfinnaren Stürzberg*. Från *Spöksekretären* (Bonniers, 1919). • Per Gustaf Berg: *Skendöda och levande begravna*. Från *Svensk mystik* (P.G. Berg, 1871). • Anders Celsius: *Astronomia*. Från *Gyllene Äpplen: svensk idéhistorisk läsebok* vol. I (Atlantis, 1991). Moderna synonymer har föreslagits av Ahrvid Engholm och ett ord som anges som "oläsligt" har korrigerats mot originalet av honom. • Gabriel Israel Hartman: *En dröm*. Från *Åbo Tidning* nr 27 1803. • Frank Heller: *Den okände guden*. Ur *Dr Zimmertürs diagnoser* (Bonniers, 1928). • Viktor Rydberg: *Den flygande holländaren*. Från första bokutgåvan *Den flygande holländaren* (Göteborgs Handelstidnings AB, 1878). • Runar Schildt: *Asmodeus och de tretton själarna*. Från *Asmodeus och de tretton själarna. Samt tre noveller* (Holger Schildts förlag, 1915). • Emanuel Swedenborg: *Om världarnas mångfald*. Från *Principia rerum naturalium* (1734) del 3, kapitel 2. Texten har översatts av Rickard Berghorn från den engelska utgåvan *The Principia: or, The First Principles of Natural Things* vol. II (Walton and Mitchell, London 1846). • Zacharias Topelius: *Den evige studenten*. Från *Sägner i dimman: samlade skrifter av Zacharias Topelius, tjuguandra delen* (Bonniers, 1902). • Axel Wallengren: *Absintdrickaren*. Från *Mannen med två hufvuden* (Gustaf Lindströms boktr., 1895). • Hugo Öberg: *Dvärgen*. Från *Drömdt och Händt* (Chelius, 1914).

Andra böcker i serien Svenska sällsamheter:
Skymningstankar och nattvakor (2014)
I dödens lustgård (2019)

Omslaget är formgivet av Nicolas Krizan.

 Inlagan formgiven av Rickard Berghorn. Andra, inbundna upplagan. Tryckt och distribuerad av Ingram Content Group LLC i La Vergne, TN, USA 2020.

ISBN 978-91-87619-31-1

– *Innehåll* –

Förord

Fantastik och verklighet

Denna antologi, andra fristående boken i Alephs serie *Svenska sällsamheter*, är en darling som jag inte avrättade, och det visade sig bli bäst på det sättet. Tanken var från början att bokserien skulle samla ofta förbisedd och glömd gotik samt skräcknovellistik ur den svenska litteraturhistorien. Men ju mer jag grävde, desto mer i närliggande genrer – fantasy och science fiction – pockade envist på uppmärksamhet. Halvvägs in i arbetet gav jag således upp och lät antologin bli en samling med just *sällsamheter*, och inte nödvändigtvis bara *skräck*-samheter. Kort sagt, från och med nu är Alephs bokserie ägnad åt att samla ofta förbisedd och glömd fantastik – skräck, fantasy och science fiction – ur den svenska litteraturhistorien. Vissa av texterna är inte skönlitteratur i sig, men har relevans för genrerna.

Trots allt griper dessa genrer in i varandra på grund av att de alla delar ett betydande ursprung i den gotiska romanen och romantikens fantasiutflykter vid sekelskiftet 1800. Naturligt nog framträder likheterna desto tydligare under genrernas yngre år.

Mary Shelleys *Frankenstein* (1818) räknas i litteraturvetenskapen som en sengotisk roman och skräckromantik, men också som den första science fiction-romanen i egentlig mening; man hittar denna uppfattning i allt från Brian Aldiss *Billon Year Spree* (1973) till John-Henri Holmbergs *Inre landskap och yttre rymd* (2002). Den som anses ha grundat fantasygenren, engelsmannen George MacDonald (1824-1905), var själv tydlig om sitt beroende av föregångare inom skräckromantiken och romantikens konstsagor som E.T.A. Hoffmann och Friedrich de la Motte Fouqué, vilket han förklarade i sin essä *The Fantastic Imagination* (1893) – och även hos Tolkien finns starka drag av gotik och skräckromantik.

Låt oss titta närmare på just science fiction, eftersom denna genre skenbart är den som i nutida ögon verkar ha minst gemensamt med gotiken och romantiken. H.G. Wells var knappast särskilt avlägsen från sitt gotiska och skräckromantiska arv, när han skildrade blodsugande bläckfiskvarelser från Mars, upprepade gånger beskrivna som djävulens verkliga avföda, och inför vilkas framfart den tekniskt underutvecklade mänskligheten är hjälplös; eller när han skildrade de ljusskygga morlockerna som lurar i sina underjordiska labyrinter och håller de marklevande, smått änglalika eloanerna som boskap, eller i samma roman beskriver den döende Jorden under en uppsvälld, blodröd sol ännu längre in i framtiden. Wells arv från Mary Shelley och gotiken är förstås allra mest påtagligt i *The Island of Doctor Moreau* (1896) med dess galne vetenskapsman som förgriper sig mot naturen och Skaparen och får betala för sitt övermod.

Hur mycket gotisk eller skräckromantisk är då Jules Verne i jämförelse med Wells? Han beundrade sedan barnsben senromantikern Edgar Allan Poe och betraktade honom som sin främsta förebild och inspirationskälla, på grund av dennes realistiska och till och med vetenskapliga behandling av sådana romantiska ingredienser som fantastiska resor och spännande äventyr, liksom de märkliga upptäckterna och uppfinningarna hos Poe.

Verne själv hade inte samma böjelse för den rena skräckskildringen som Poe hade, och till skillnad från Wells var Verne en framstegsoptimist. Det kan, tillspetsat eller inte, sägas att Vernes science fiction har mer gemensamt med fantasyn och dess ursprung i sagan, än med gotiken och skräckromantiken. Ty vad är Vernes underjordiska urtidsdjungler med dinosaurier och troglodyter, annat än ett sagorike på förment naturvetenskaplig grund? Och Verne tar inte hjälp av en flygande matta eller ett stormförlist skepp för att runda månen, utan låter det ske med en ihålig kanonkula.

Allt detta är gott nog, men trots allt ska man inte överdriva science fiction-litteraturens rötter i gotiken, romantiken och i synnerhet inte enskilt i Mary Shelleys roman, även om traditionen från allt detta är uppenbar. Som avdelningen *Kosmiska skisser* i denna bok visar, fanns praktiskt taget alla ingredienser som utgör modern science fiction, inklusive idén med parallella universum, redan uttänkta vid skrivborden av filosofer och vetenskapsmän, långt innan gotiken och romantiken ens existerade. Johannes Kepler skrev den didaktiska berättelsen *Somnium* 1608 där han föreställde sig hur månens flora och fauna kunde te sig utifrån det som då var känt om himlakroppens geografi. Astronomen Anders Celsius skissade på en glasklar science fiction-roman över 80 år innan *Frankenstein* publicerades. Emanuel Swedenborg spekulerade om andra universum med annorlunda naturlagar ungefär samtidigt. Och Voltaire lät utomjordingar resa genom kosmos och besöka Jorden något senare, i den satiriska novellen *Micromégas* (1752). Det var romantikens författare med Mary Shelley, E.T.A. Hoffmann och Edgar Allan Poe som på allvar började experimentera med att göra skönlitteratur av detta ofta häpnadsväckande avancerade tanke- och idéstoff; och det bör påpekas att science fictiongenren egentligen inte kom ifatt åtskilliga av dessa idéer och spekulationer förrän långt in på 1900-talet.

Sf-genrens rötter går förvisso att spåra till gotiken och romantiken, men de sträcker sig naturligtvis betydligt djupare än så: till den naturvetenskapliga revolutionen på 1500- och 1600-talen samt upplysningstidens vetenskapsvurm.

* * *

I förordet till förra delen av *Svenska sällsamheter* skrev jag om arbetet med antologin:

> Arbetet har helt enkelt fått mig att till stor del omvärdera en tidigare uppfattning som jag haft gemensam med så gott som alla litteraturvetare, och som jag uttryckt i *Mörkrets mästare* [BTJ Förlag 2006] och efterordet till Aurora Ljungstedts *En jägares historier* (Hastur förlag 2013): att Sveriges litteraturhistoria varit iögonenfallande fattig på gotik och skräckromantik. Ett skräckfattigt land till trots, har svenska författare varit betydligt mer intresserade av att skriva denna sortens fantastik än eftervärldens historieskrivning har erkänt och framställt det som.
>
> Kulturlivet under 1900-talet, med arbetarrörelsen och vänstervågen som nationellt samvete, hade en stark tendens att inte riktigt erkänna annan litteratur än den realistiska och politiskt tendentiösa, varför det också blev naturligt att man regelbundet glömde bort sådant som inte passade in i mallen. Som ett resultat av detta blev en av 1800-talets mest populära svenska författare – Aurora Ljungstedt – närmast kliniskt utrensad ur den svenska litteraturhistorien. Hon var alltför mycket en ren underhållare, till skillnad från jämförbara författarkollegor i följetongsgenren som C.J.L. Almqvist, Fredrika Bremer och Emilie Flygare-Carlén.
>
> Det som saknas är först och främst en bra och grundlig historieskrivning över svensk skräcklitteratur på 1800- och början av 1900-talen. Den fanns och det som tidigare har betraktats som enskildheter och sporadiska genreövningar visar sig vara delar av en helhet.

Att genreforskningen kring svensk fantastik, alltså inte bara skräcklitteraturen, är sorgligt eftersatt och faktiskt direkt ytlig, har blivit mer och mer uppenbart de senaste åren. Den första gotiska skräckromanen på svenska var inte Aurora Ljungstedts *Hin Ondes hus* (1853), som det konsekvent påstås i referenslitteraturen; äran har istället Axel Gabriel Ingelius *Det gråa slottet* (1851), och det är mycket möjligt att det finns ännu tidigare exempel som väntar på att upptäckas. De första svenska science fiction-tidskrifterna påstås genomgående, och med lite god vilja, vara *Hugin* (1916-20) och första inkarnationen av *Jules Verne-Magasinet* (1940-47),[1] men det räcker med en ambitiös blick i arkiven och databaserna för att uppdaga betydligt mer än så, som vi snart kommer att se.

Det är aldrig en god idé att sätta likhetstecken mellan det okända och det som inte existerar. Litteraturvetare överhuvudtaget, inte bara genreforskare, har en tendens att alltid leta där det redan finns god belysning, istället för att lysa upp de rum, hörn och hyllor som tidigare legat i totalt mörker. Det är, kort sagt, fåfängt att bara leta bland redan uttröskade Almqvist, Bremer, Flygare-Carlén, Rydberg och Strindberg på jakt efter den svenska skräcklitterära traditionen. Den finns huvudsakligen på andra håll, som nu fallet med Aurora Ljungstedt så tydligt visar; Sveriges största krim- och skräckdrottning på 1800-talet, som var närmast totalt bortglömd fram till slutet av 1900-talet. Ändå är hon den enda riktigt obskyra författaren i t.ex. Yvonne Lefflers doktorsavhandling *I skräckens lustgård* (1991); resten av boken ägnas åt de flesta av de klassiska författarna som jag räknade upp, hos vilka Leffler finner *inslag* och *tendenser* av gotisk skräckromantik men inte mer.

Att det ”okända okända” har en förmåga att ställa tidigare historieskrivning helt på huvudet, kan illustreras med det som på senare år skett i forskningen kring svenska fantastiktidskrifter.

Hugin och *Jules Verne-Magasinet* var ungefär samtida med liknande populärvetenskapliga tidskrifter och pulptidskrifter i Europa och USA 1910-50. *Hugin*, redigerad och skriven av deckar- och science fiction-författaren Otto Witt (1875-1923) med dess faktaartiklar, ”naturvetenskapliga romaner” och ”tekniska sagor”, började utges ungefär samtidigt som Hugo Gernsback (1884-1967) utgav populärvetenskapliga tidskrifter med ofta skönlitterära inslag i USA, för att 1926 börja utge en renodlad science fiction-tidskrift i form av *Amazing Stories*, då han också myntade begreppet scientifiction som strax blev till science fiction för denna sortens litteratur. *Jules Verne-Magasinet* å sin sida hämtade i allmänhet sitt material från samtida utländska pulptidskrifter. *JVM* började som en

1 *JVM* återstartades av Bertil Falk 1969 och utgavs sedan av Sam J. Lundwall 1971-2010).

ganska renodlad science fiction-tidskrift men övergick till att innehålla allt mer äventyr, deckare och serier (Superman debuterade på svenska här).

Två skäligen kortlivade tidskrifter med betydande sf-innehåll fram till 1950-talet är kanske inte helt illa för ett sådant litet språkområde som Sverige, men kanske fanns det till och med ännu fler liknande tidskrifter?

Sam J. Lundwall har gjort gällande att *Svenska Familj-Journalen Svea* hade en bilaga vid namn *Stella* (fyra oregelbundna nummer 1886-88, möjligen fler in på 90-talet), ägnad åt berättelser i Jules Vernes och Camille Flammarions anda, men denna uppgift brukar tas med en nypa salt eftersom ingen annan lyckats spåra tidningen; Lundwall själv har inte heller varit villig att lämna ut några av de nummer han säger sig äga. Det innebär långt ifrån att *Stella* måste vara en "bluff" som vissa fördomsfulla sf-fans påstår; bilagor till äldre tidskrifter saknas ofta även i KB och förbigås i bibliografier, i synnerhet när de aldrig slog igenom eller rotade sig, vilket tydligen skedde med *Stellas* ifall uppgiften om den oregelbundna och magra utgivningen stämmer. Det kan också ha handlat om en begränsad provutgivning för att pröva marknaden när *Illustrerad Familj-Journal* omstrukturerades till *Svenska Familj-Journalen Svea* i samma skede. Och Lundwalls ovilja att lämna ut numren kan helt enkelt bero på att han sedan millennieskiftet har kapat sina kontakter med sf-rörelsen och svensk kulturliv.

En publikation påminnande om *Stella* som vi vet har existerat, är däremot *Mellan fantasi och verklighet* (1903-16), också den en bilaga till en större och allmänt spridd tidskrift. Ändå har den, samt tidskrifterna *Äventyr* (1920-21) och *Fantasi och verklighet* (1921), varit praktiskt taget okända inom den svenska fantastikforskningen fram tills nu. Här går jag nu igenom dessa tidskrifter i tur och ordning. Mer kommer att skrivas om dessa och andra tidskrifter av fantastikintresse i Alephs nästa bok senare i år, artikelsamlingen *Fantastikens mörker och ljus*.

* * *

En av Sveriges mest populära veckotidningar i början av 1900-talet var *Allers Familj-Journal*, som lever kvar än idag i form av *Allers*. Varannan vecka hade tidningen den nämnda novellbilagan *Mellan fantasi och verklighet*. Den utgavs som gratisbilaga varannan vecka 1903-16 ägnad åt "vetenskapliga fantasier", historiska äventyr, fantasifulla deckare, skräckhistorier och rafflande äventyr i exotiska miljöer – alltså inte olik 40-talets *JVM*. Denna periodiska publikation – vare sig man räknar den som en äkta tidskrift eller inte – måste ha fått en bred spridning och varit mer bekant för allmänheten än Otto Witts personligt producerade *Hugin* någonsin blev. Enligt Jan Hultgren i hans förteckning över noveller publicerade i *Allers*,[1] övergick bilagan till att huvudsakligen publicera kärleksäventyr efter 1914. Skriften var inte särskilt omfångsrik och innehöll vanligtvis en enda novell utan angiven författare eller översättare i varje nummer.

Tidningen *Kalmar* 22/11 1912 presenterade bilagan i en annons för *Allers Familj-Journal*:

> Redan namnet på denna bilaga röjer hvad den innehåller. Redan hemma och ute har nu mera uppstått ett alldeles nytt slags litteratur, där det fantastiska och det reella, det verkliga och det till synes overkliga mötas, och där författarna funnit en plats, på hvilken de riktigt kunna gifva sin fantasi lösa tyglar. Det som denna bilaga bringar är en serie illustrerade fantastiska och romantiska historier af de på detta område mest framstående författare, och spänningen är så stor att läsarna så att säga läsa hvarje historia i ett andedrag. I synnerhet hemmets ungdom, som alltid har smak för det fantastiska, för det som ligger uppe öfver hvardagslifvet, skall med ifver kasta sig öfver denna bilaga.

En liknande presentation av *Mellan fantasi och verklighet* finns i *Kalmar* 12/1 1905. Termen för det vi numera kallar science fiction var vid denna tid "scientific romances" eller på svenska "vetenskapliga fantasier", ett begrepp som också nämns i en illustration till 1905 års annonstext. Det verkar troligt att det är just dessa vetenskapliga fantasier som den citerade annonstexten syftar på när den talar om "ett alldeles nytt slags litteratur"; historiska och exotiska äventyr var ju långt ifrån någon nymodighet vid denna tiden.

Också Jan Reimer har inventerat *Mellan fantasi och verklighet* och även publicerat noveller ur skriften i sitt eget fantastikfanzine *Kring aftonlampan*.

Förra året uppmärksammade Reimer dessutom en tidigare helt okänd novelltidskrift med snarlikt namn, *Fantasi och verklighet*, som utgavs av B. Wahlströms förlag med tolv nummer 1921. Den publicerade en betydande andel science fiction och uppmuntrade dessutom svenska författ-

1 Privat publicerat 19-sidigt häfte utan titel, se databasen Libris på sökord Jan Hultgren 1997.

tarskap. Axel Kerfve (1863-1938) skrev sf-noveller och Einar Ekstrand (1888-1932) tillhörde tidskriftens flitiga bidragsgivare med en serie Poe-inspirerade noveller under samlingsrubriken "Sällsamma berättelser". I övrigt bestod innehållet av översatta noveller med bekanta namn som exempelvis H.G. Wells, Edgar Allan Poe, George Griffith och Arthur Conan Doyle. Jan Reimer har också publicerat ett urval noveller från denna tidskrift i *Kring Aftonlampan*.

B. Wahlströms *Fantasi och verklighet* tycks ha varit en konkurrent till en annan lika okänd tidskrift, och som jag själv har äran av att ha upptäckt: Åhlén & Åkerlunds snarlika *Äventyr*, som utkom varannan vecka med 28 nummer 1920-21. Den publicerade exotiska och spännande äventyr, deckare samt en betydande andel science fiction och skräck, fastän inte fullt lika mycket som B. Wahlströms tidskrift. Fantastiktillhörigheten är dock uppenbar vid titlar som *Mammutjakten*, *Det underbara elixiret*, *Resan till månen*, *Dubbelgångaren*, *Spökhuset*, *Skräcken*, *Ett experiment*, *Ett varsel*, *Hesekiel och hans dubbelgångare*... Återkommande författare var Jack London, Arthur Conan Doyle, O.Henry och W.W. Jacobs. Anmälan av första numret förklarade att tidskriften "är avsedd att bli en tidning för män, och för pojkar, som skola bli riktiga karlar; och för övrigt för var och en, som älskar att känna en fläkt av det fria pulserande livet där ute i den stora, vida världen".

En gemensam nämnare för dessa tidskrifter, inklusive 40-talets *Jules Verne-Magasinet*, är att de publicerade en blandning av fantastik och rafflande äventyr. Man kan till och med tala om detta som en specifik tradition i svensk tidskriftshistoria under första halvan av 1900-talet.

Utgavs det då ytterligare tidskrifter liknande efter att *Äventyr* lades ned och första numret av *Jules Verne-Magasinet* utgavs 1940? Det återstår att ta reda på.

– Rickard Berghorn

Anders Celsius, Emanuel Swedenborg & Gabriel Israel Hartman

Kosmiska skisser

Här några korta sidor som täcker universum och allt där bortom: från Anders Celsius utomjordingar och stjärnkrig, över Emanuel Swedenborgs parallella universum till Gabriel Israel Hartmans mikroskopiska atomvarelser – och i ett svep har vi täckt merparten av de mest svindlande och djärva idéer som utmärker modern science fiction. Med skillnaden att alla kosmiska skisser här skrevs mellan 1734 och 1803.

UTOMJORDINGAR OCH INTERSTELLÄRA RESOR

Anders Celsius (1701-44) är förstås berömd över hela världen som uppfinnaren av temperaturskalan döpt i hans namn; genom att skapa en hundragradig skala mellan vattnets frys- och kokpunkter bringade han en efterlängtad ordning i temperaturmätningar världen över, bland alla mer eller mindre opålitliga och subjektiva skalor som använts tidigare. Han gjorde för temperaturmätningen vad hans landsman Carl von Linné gjorde för klassifikationen av växter och djur. Till och med den enda kvarlevande temperaturskalan som konkurrerar med Celsiusskalan, Fahrenheitskalan, kom efterhand att kalibreras utifrån vattnets fryspunkt (32 °F) och kokpunkt (212 °F), alltså i praktiken utifrån samma princip som Celsius lanserade. Att Celsius själv använde en inverterad skala, där vattnets fryspunkt placerades vid 100 °C och dess kokpunkt vid 0 °C, är av mindre relevans i sammanhanget; innovationen bestod i principen att låta vattnets frys- och kokpunkter bestämma temperaturskalan, och att använda en behändig 100-gradig skala mellan dessa punkter, vilket också korrelerade med det metriska systemet som upplysningstiden favoriserade.

Celsius skapade temperaturskalan som hjälp i hans meteorologiska forskning. Han var professor i astronomi i Uppsala vid en tid då meteorologi och geologi ingick i det astronomiska ämnet. Förutom att mäta norra jordklotets form under en berömd expedition i Lappland 1736, upptäckte han landhöjningen i Norden och visade att norrskenet är ett magnetiskt fenomen.

Astronomen och sf-författaren Peter Nilson (1937-1998) upptäckte bland Anders Celsius opublicerade handskrifter en kort skiss på en roman, som den berömde astronomen tydligen aldrig skrev. Men skissen i sig är fascinerande nog och visar att Anders Celsius hade en science fiction-författares hjärna och fantasi. Vad professor Celsius faktiskt skissade på var en roman om den framtida politiken, handeln och konflikterna mellan invånarna på solsystemets planeter, och hur de efterhand går i allians för att bekriga invånarna vid våra närmaste stjärnor. Celsius förstår att en resa till våra närmaste stjärnor skulle ta hundratals år, men eftersom läkarvetenskapen blivit så utvecklad att människor lever betydligt längre än så, kommer detta inte att innebära något oöverstigligt problem...

Texten publicerades i *Gyllene äpplen: svensk idéhistorisk läsebok* vol. I (Atlantis, 1991) och gick tämligen spårlöst förbi, tills Ahrvid Engholm 2013 uppmärksammade den i science fiction-kretsar, vilket ledde till att den nu finns omskriven i standardreferensverket *The Encyclopedia of Science Fiction*. Originaltexten är skriven på mycket ålderdomlig svenska, och för att underlätta läsbarheten återges den här i modern stavning och med moderna motsvarande ordval inom klammer; när Celsius t.ex. skriver om "en artig roman" innebär det i modern svenska ungefär "en förträfflig roman".

Romanskissen är fascinerande nog, men det tillhör också formerna att genreforskare initialt har misstolkat eller övertolkat syftningar som Anders Celsius gör. Texten är inte särskilt välskriven och vissa passager har otydlig innebörd. Meningen "Det kunde vara möjligt att allt kött och hud vore genomskinligt" har tolkats som en spekulation om osynlighet 160 år innan H.G. Wells skrev *The Invisible Man* (1897), men det finns egentligen inget stöd för det i själva texten. Nästa mening lyder istället: "Skulle man ponera någonstans i planeterna sådana människor och djur, så skulle det ge tillfälle till en artig [förträfflig] roman – Medici [läkarna] kunde då göra folket långlivade."

Den närmast liggande tolkningen av detta är snarare att det skulle underlätta för läkarna att bota sjukdomar och invärtes skador hos dessa varelser och sålunda göra dem långlivade, ifall de var genomskinliga. Svårigheten att kunna observera inre skador och processer i den levande kroppen och därmed kunna ge adekvat behandling, var ett stort problem inom läkarvetenskapen innan röntgenstrålarna upptäcktes 1895. Tydligen ser Celsius denna genomskinlighet – vare sig han tänker sig att det existerar varelser som redan av födseln är genomskinliga, eller att detta åstadkoms på artificiell väg – som nyckeln till det långa liv, som är en förutsättning för de färder mellan stjärnorna som är så viktiga i hans tänkta roman. Genomskinlighet är trots allt inte samma sak som osynlighet.

MULTIVERSUM DÅ OCH NU

Ifall det existerar andra universum utanför vårt eget, som nu moderna strängteoretiker och kosmologer populärt spekulerar om, utgör de tillsammans ett multiversum. Dessa parallella universum brukar antas bestå av annorlunda naturlagar helt främmande för vårt universum, och just därför försvåras eller omöjliggörs kontakt mellan dessa världar. I skönlitteraturen händer det dock ständigt att förlåten mellan världarna rämnar och vi får en skymt av dem och deras monstruösa invånare, som i Algernon Blackwoods (1869-1951) novell *The Willows* (1907) och i H.P. Lovecrafts (1890-1937) samlade produktion, där Lovecraft antar att våra mänskliga hjärnor tillintetgörs av de främmande intrycken – den som skådat en glimt av Nyarlathotep och the Great Old Ones blir galen på kuppen.

Redan med detta antyds att konceptet med multiversum inte är fullt så nutida som vi gärna tror. I själva verket står moderna kosmologer på ett idékomplex som är mycket äldre än såväl strängteorin och inflationsteorin som Einsteins relativitetsteori.

Redan hos Aristoteles i bok I av *De cælo et mundo* (c:a 350 f.Kr.) kan vi läsa spekulationer om andra världar med annorlunda naturlagar utanför fixstjärnornas kristallsfär, som han ansåg utgjorde gränsen för vårt lilla universum bestående Solen samt planeterna i kretslopp runt vårt jordklot. Men dessa världar utanför fixstjärnornas kristallsfär kan bara existera ifall de styrs av annorlunda naturlagar, såsom Aristoteles beskrev sina fysikaliska lagar, ty annars skulle det leda till logiska paradoxer. Eldens naturliga rörelse *upp* från jordklotets centrum i vår värld, skulle annars bli *ner* mot klotets centrum i relation till en värld ovanför vår egen; och vattnets naturliga rörelse *ner* mot jordklotets centrum i vår värld, skulle bli *upp* från det andra klotets centrum. Låt vara att Aristoteles avfärdar dessa världars existens som en meningslös och irrationell absurditet, och drar slutsatsen att vår värld är den enda som har möjlighet att existera; faktum kvarstår att spekulationen verkligen finns i Aristoteles skrifter.

I *Medieval Science, Technology, and Medicine* (Routledge, 2005) förklarar Glick et al. att detta spörsmål hamnade på den kristna teologiska dagordningen, i och med spridningen av Aristoteles naturlära under 1200-talet. Aristoteles slutsats att den värld vi lever i är den enda som kan existera, kom i konflikt med den kristna doktrinen om Guds allsmäktighet. Gud måste ha förmågan att skapa andra världar, eftersom han annars inte skulle vara allsmäktig. Eller har han verkligen inte förmågan att skapa en annan sorts värld än den vi lever i?

Den teologiska och filosofiska konflikten resulterade i att påven år 1277 offentligt förklarade det som kätterskt att hävda att Gud inte kan skapa allt han önskar skapa. Därför blev det populärt bland naturfilosofer att spekulera i hur andra världar kunde se ut och vara arrangerade, samtidigt som man noggrant poängterade att dessa världar visserligen *kan* existera, men att Gud bara har haft anledning att skapa vår värld. Glick et al. skriver:

> Because of the condemnation, it became obligatory for all natural philosophers to concede that, by His absolute power, God could, if He wished, bring into existence any natural impossibility that Aristotle had identified. As a consequence, medieval natural philosophers and theologians conjured up hypothetical situations in which God was imagined to create other worlds that existed simultaneously; or that came into existence successively, and even worlds that existed simultaneously, one within another.

Filosofen och vetenskapsmannen Gottfried Wilhelm von Leibniz (1646-1716) spekulerade på liknande sätt om andra universum, när han försökte lösa det gamla "teodicéproblemet", gåtan varför en allsmäktig och allgod gud låter ondska och plågor existera i världen. Leibniz resonerade i likhet med högmedeltidens skolastiker att Gud hade möjligheten att skapa alla sorters universum han önskade, men att han valt att bara förverkligat det som innebär minst lidande och problem för mänskligheten och vår fria viljan. Hur mycket lidande det än finns i världen, skulle alla andra möjliga universum innebära ännu mer lidande för oss.

Också i sin naturfilosofiska monadlära kom Leibniz in på spekulationer om dessa annorlunda universum. Där hävdar han att vårt universum uppstår genom "perspektiven" eller relationerna mellan ett slags oändligt små och icke-materiella partiklar (monader) som utgör alltings minsta och enklaste byggstenar. Leibniz hävdar att Gud kan forma dessa andra universum genom att låta monaderna vara arrangerade på ett annorlunda sätt än vad fallet är i vårt, med annorlunda geometriska och mekaniska lagar som följd. Leibniz monadlära har av moderna vetenskapshistoriker och kosmologer jämförts med ett hologram.

Det var denna filosofiska tradition som Emanuel Swedenborg tillhörde, men inspirerad av Leibniz vän och lärjunge Christian Wolff (1679-1754) snarare än Leibniz själv. I *Cosmologia generalis* (1731) presenterade Wolff en förenklad version av Leibniz monadlära, där han låter monaderna vara nolldimensionella punkter som spontant arrangerar sig i geometriska strukturer och sålunda bygger upp elementarpartiklar, molekyler, grundämnen och i längden stjärnor, planeter och organismer. I upplysningstidens anda reducerar han Guds direkta ingripanden i universums skeenden till ett minimum. Och i samma bok spekulerar han i likhet med Leibniz om andra slags universum "utanför" vårt eget.

I *Principia* (1734) är Swedenborg helt öppen om sin tacksamhetsskuld till Wolff och *Cosmologia generalis*. Således finner man också hos Swedenborg samma nolldimensionella punkter som ursprunget till allt i kosmos; det enda Gud behövde göra för att skapa vårt universum, var att sätta den första nolldimensionella punkten i rörelse. Och Swedenborg frossar i spekulationer om parallella universum med annorlunda naturlagar, som utdraget här så tydligt visar. För Swedenborg är vårt universum med våra speciella naturlagar bara en liten atom i ett gigantiskt komplex av andra universum och världar som ständigt föds och dör, mycket likt moderna scenarion inom strängteori och inflationsteori. Kanske är det förståeligt att Swedenborg hamnade i en psykologisk kris sedan han väl publicerat sin kosmologi. När han tillfrisknat ägnade han återstoden av sitt liv åt originella bibeltolkningar och skildringar av andevärlden, vilket gjorde honom världsberömd, till skillnad från naturvetenskapen.

Att Swedenborg beskriver ett multiversum har undgått nästan alla forskare som skrivit om hans kosmologi. I *Världsmaskinen* (2004) noterar David Dunér i förbigående och närmast som en kuriositet att Swedenborg talar om planeter med andra naturlagar när han spekulerar om utomjordiskt liv. Andra forskare har noterat samma sak utan att fördjupa sig i det.

Begreppet "multiversum", som nu har en stadig plats inom modern kosmologi och science fiction, myntades av filosofen William James (1842-1910) i essäsamlingen *The Will to Believe* (1896), i samband med att han behandlade Leibniz och dennes tradition i filosofins historia.

OÄNDLIGT LITET – OÄNDLIGT STORT

Den franske filosofen och vetenskapsmannen Blaise Pascal (1623-62) var fascinerad och skrämd av den oändlighet han ansåg omgav oss både utåt och inåt: i det oändligt stora och i det oändligt lilla. I *Pensées* avdelning II låter han en tänkt person förundras inför den kosmiska oändlighet som omger oss med okända underverk, och i vars jämförelse vi själva är försvinnande små atomer. Därefter låter han mannen titta ner i den dåtida nymodigheten mikroskopet och granska ett kvalster, en organism som verkar vara lika sofistikerat skapad som hans egen kropp, med ben, leder, blodcirkulation och blodkroppar. Men Pascal stannar inte där utan föreställer sig att blodkropparna i sig måste innehålla ännu mindre beståndsdelar:

> Jag låter honom däri skåda en ny avgrund... Låter honom däri skåda en oändlighet av universum, där var och en har sin stjärnhimmel, sina planeter, sin jord i samma proportioner som i den synliga världen; på varje jord djur och på dessa kvalster, i vilka vi åter kommer att finna allt som den första hade, och ytterligare uti dessa samma fenomen ånyo, oupphörligen och utan slut. [*Red. övers.*]

Detta är tveklöst inspirationskällan till novellen *En dröm*, som publicerades anonymt i *Åbo Tidning* nr 27 1803, och som allmänt antas vara skriven av tidningens redaktör, filosofen Gabriel Israel Hartman (1776-1809). Författaren gör en svindlande utflykt ner i en droppe blod och vidare ner till atomernas mikroskopiska planetsystem, för att sedan, tillbaka i vår värld, skåda upp mot stjärnhimlen där också vårt solsystem visar sig utgöra en atom i en obegripligt gigantisk organism.

Novellen anses vara Finlands första science fiction-berättelse, och eftersom den skrevs på svenska under en tid då Finland fortfarande var en del av Sverige, blir den också det första kända exemplet på science fiction i svensk (och inte bara svenskspråkig) litteraturhistoria.[1] Anders Celsius skrev space opera men bara i form av en skiss till en aldrig skriven roman, Emanuel Swedenborg försöker föreställa sig parallella universum och gör det förvisso på ett halvt fiktionaliserat sätt. Men svensk science fiction i rent skönlitterär form hittar vi först med novellen *En dröm* 1803, säkerligen skriven av den finlandssvenske filosofen Gabriel Israel Hartman.

Det ligger nära till hands att fascineras över hur "framsynta" dessa tre författare var, men istället borde man vända på resonemanget och fråga sig: Är verkligen moderna kosmologiska teorier så originella och nyskapande som vi gärna tror? Och har verkligen modern science fiction lyck-

1 Detta är förstås ytterligare en sak som ställer till oreda för alla som hävdar att Mary Shelleys *Frankenstein* från 1818 är den första science fiction-berättelsen.

ats utveckla särskilt många fler originella idéer, än vad som redan fanns hos dessa vetenskapsmän och filosofer hundratals år tillbaka i historien?

Det tål att tänkas på.

Läsare som vill fördjupa sig i den idé- och vetenskapshistoriska bakgrunden till denna presentation, kan exempelvis läsa min essä *Swedenborg, Poe och multiversum – en svindlande historia* i Tidningen Kulturen 30/9 2012 (finns på nätet), som bygger på uppsatser jag skrivit vid Institutionen för idé- och lärdomshistoria, Uppsala universitet.

– *Rickard Berghorn*

Anders Celsius

ASTRONOMIA (omkr. 1735)

När astronomin blivit så vida bragd [utvecklad] att de blir försäkrade om invånarnas tillstånd i Planeterna; och fysiken så vida att man hittar på sätt att fara ifrån Jorden till planeterna, så begynner de att då jämväl kriga i luften och föra kommersen och navigation på planeterna, och således att vilja erövra varandra. Omsider blir då hela Jorden ansedd som ett helt rike emot t.ex. konungariket Mars. Då de sedan hittat på att göra med varandra allianser, t.ex. Merkurius, Venus och Jorden på ena sidan, och på den andra sidan Mars, Jupiter och Saturnus. Men som Jupiter och Saturnus har så många små konungariken erövrade i sina satelliter [månar], så lär Merkurius, Venus och Jorden förpliktiga Solens invånare att stå på deras sida till att hålla balansen uti planetsystemet, istället [såsom] man nu har Europa.

För övrigt, om konsten skulle stiga så högt, att man kunde få kommers med de andra planetsystemen t.ex. vid Sirius, så anses då åter vårt system för ett konungarike och då begynner att föra krig emellan varjehanda system, och så vidare ad infinitum. Men som man knappt kan fara emellan system på några hundra år, bör medicinen förbättras så, att folket kan bli nu så gamla som på Patriarkernas [Gamla testamentets] tid.

Vem trodde i förstone man skulle kunna segla i havet, där man ej såg något land? Vem trodde man skulle begynna att slåss i vattnet? Så litet tror vi nu att folket kan med tiden segla och slåss i luften. Det kunde vara möjligt att allt kött och hud vore genomskinligt. Skulle man ponera någonstans i planeterna sådana människor och djur, så skulle det ge tillfälle till en artig [förträfflig] roman – Medici [läkarna] kunde då göra folket långlivade.

Emanuel Swedenborg

OM VÄRLDARNAS MÅNGFALD (1734)

Universum och dess lagar, sådana de är eller kan antas vara, har vi högst utförligt förklarat i föregående kapitel. Härmed tar vi ännu ett steg vidare, och utreder huruvida Naturen kan vidga sina gränser ytterligare; ty vi kan vara övertygade om att hon är ymnigt fruktsam och ständigt prövar sina yttre gränser, såtillvida att hon aldrig slår sig till ro utan alltid söker sig vidare och utvidgar gränserna för sitt rike; och ju mer hon gör detta, desto frodigare blir hennes ypperlighet och desto starkare blir hennes drift att till världen yngla av sig mångfaldigt. Hennes krafter växer i det oändliga,[1] där det finns vare sig gränser eller slut, och vari hon ändlöst kan fortplanta sig. Hur mycket hon än mångfaldigar sin produktion, som aldrig kan bli gränslös, förminskas ändock inget hos det oändliga, och ej heller kan hon tillvälla sig något från oändligheten, ty det oändliga kan aldrig bli begränsat. Hon må fortfara hur långt som helst, men förblir ändå ett intet i jämförelse med det oändliga; och trots allt hon fordrar återstår oändligheten orörd...

Sålunda uppkommer nya världsrymder den ena efter den andra; i dessa världsrymder nya virvlar och världssystem; i dessa virvlar och världssystem nya planeter; runt planeterna nya satelliter; och på detta sätt formas genom den Allsmäktiges vilja nya skapelser i en gränslös följd. Hur många myriader av världsrymder må det sålunda inte existera – hur många myriader av världssystem! Och när det i ett världssystem eller en himmelsfär finns myriader av dessa, hur oräkneliga bör inte planeterna med deras satelliter vara, i synnerhet i jämförelse med antalet världsrymder! Astronomen står i sanning handfallen då han försöker beräkna detta. Ingen förnekar att dessa rymder och jordar uppstår genom speciella orsaker, och att de utvecklas i tiden och i successiv ordning; inte heller finns det något som hindrar oss från anmodandet att det är den Allsmäktiges vilja att nya jungfruliga system formas varje ögonblick, ty här finns inget som bevisar detta vara fysikaliskt omöjligt. Om vi nu medger att nya världar sålunda föds, att de utvecklas genom samma orsaker och på samma sätt

1 I *Principia* förklarar Swedenborg att den gränslösa oändligheten och Gud är ett och samma. Alla universum skiljer sig från oändligheten genom att ha begränsningar som t.ex. längd, bredd, djup. – *Red. anm.*

som de övriga, så är de också föremål för samma möjligheter och upplever samma förvandlingar som utmärker vår egen planet. Vi kan också förmoda att varje jord i sin barndom liknar vår jord i dess barndom; att alla levande varelser på den späda planetens yta uppvisar en blomstrande ungdom med leende ansikten, och att de roar sig lättsamt i lyckan av att blott finnas till; att dessa utmärkande drag hos den hjärtliga ungdomen visar sig såväl i mineralernas, växternas och djurens riken; och sålunda att guldålderns tid utsträcker sig till universumets alla delar, i synnerhet då även Solen befinner sig i sin ungdom och upplyser jorden som fröjdefullt mättas av alla arter. I korthet kan vi säga, att unga världsrymder och jordar formas vartefter och i proportion till de som tynar av årens gång, grånar och förfaller av ålderdom. Utifrån blotta möjligheten kan vi dock inte dra några slutsatser om verkligheten, ty när tanken väljer att hänge sig åt blotta antaganden kan den bara gå vilse. Om vi dock på dessa jordar kan antaga förekomsten av ett djurrike liknande vårt eget, då måste vi också antaga att det har mött samma alternativ och möjligheter, förändringar, tillstånd och utvecklingsserier, för att uppnå samma stadie av perfektion;[1] men eftersom vi inte kan förmoda att alla världar i dessa avseenden är absolut lika vår egen, kan vi inte heller förmoda att de är befolkade av ett exakt likadant släkte av levande varelser. Låt oss dock fortsätta från förmodanden till realiteter.

[Här följer en lång, mycket detaljerad och teknisk framställning av hur elementarpartiklarna – Swedenborgs nolldimensionella punkter – kan arrangeras på oändligt många olikartade sätt och skapa grundämnen och fysikaliska fenomen och till och med naturlagar som skulle vara helt främmande i vårt universum. Dessa annorlunda universum gestaltas av Swedenborg i det följande. – *Övers. anm.*]

Följaktligen kan naturen inte modifieras på samma sätt i en värld som i en annan; inte heller kan livets väsen i en värld ha modifierats på samma sätt som de vilka tillhör en annan värld. Mekaniken visar sig under annorlunda förhållanden, eftersom relationer, moment och grader är annorlunda; alla objekt har en annorlunda konfiguration, och därmed är analysen uttömmande. Andra världars luft och eter, ifall där finns något

1 I *Principia* anser Swedenborg att också livet har uppkommit genom naturliga processer liksom allt annat i universum. Han förklarar dock inte närmare hur detta gått till, och det går knappast att utnämna honom till en Darwins föregångare. – *Red. anm.*

som liknar detta, förmedlar inte samma vibrationer; synens och hörselns organ påverkas ävenledes av dem på ett annorlunda sätt – möjligen är våra organ inte ens i stånd att mottaga vågorna från deras element, eftersom de inte är formade i överensstämmelse med deras mekaniska lagar och rörelser. Djuren vilka tillhör vår värld skulle där måhända berövas förmågan att använda sina sinnen. Alla slags maskiner skulle där måhända vara konstruerade utifrån annorlunda lagar och genom en annorlunda tillämpning av mekanisk kraft. Den högdragne Arkimedes, vilken förkunnade att han kunde rubba världen genom sin mekaniska kunskap, skulle möjligen sänka sin röst en smula, ifall han blivit omplacerad till ett annat system och en annan jord, när han i dessa världar skulle finna att all hans begåvning och uppfinningsrikedom gick om intet, och att han stod handfallen inför frågan hur han skulle handskas med de vanligaste mekaniska krafterna. Ty ifall han där önskade utföra några experiment, skulle han först behöva lära sig mekanikens allra första principer och grunder, som kan deduceras blott från de fenomen som är specifika för denna värld. Där skulle de allehanda rörelserna i naturen sträva mot jämvikt genom storleksförhållanden och siffror synnerligen annorlunda från de motsvarigheter vi finner på vårt eget klot; där skulle vi finna andra former och förutsättningar och orsaker som samverkar till naturfenomenens uppkomst, ty inga fenomen skulle vara absolut likt våra; i jämförelse med våra skulle de framstå som vidunderliga. De lärda från vår värld skulle därför blott åstadkomma ett leende hos de lärda i denna värld, innan de förra hade invigts i orsakerna till de fenomen som föreligger.

Gabriel
Israel Hartman

EN DRÖM (1803)

Man skrev år 1899. Jag befann mig uti Paris. En händelse förde mig till Nationalinstitutet, där ledamöterna av den Fysiska klassen var sysselsatta med mikroskopiska rön. Man emottog mig med vänlighet, och tycktes finna nöje uti, att tillfredsställa min nyfikenhet, som fann ett oändligt antal föremål. Villrådig, om vad jag borde begära upplysning, bad jag att blott få se det som för händer hades. Man visade mig mikroskop av kullrigt slipade klara diamanter, som hade en förundransvärd verkan att förstora objekten. Genom sammansättning av flera sådana glas av klaraste diamanter och därtill applicerade reflexionsspeglar, hade man åstadkommit mikroskop av högsta fullkomlighet. Genom ett av de största fick jag betrakta en droppe blod. De små varelser i blodet, som man av deras rörelser tillförne ansett för levande djur, visade sig nu stora som strutsägg, men hade skapnad av flata avlånga brickor, och tycktes vara sammansatta av ringar, liksom hade de av en utan ordning glest hoprullad ståltråd blivit formerade. Vid nogare betraktande märktes vid medelpunkten uti var och en av dessa brickor en sten, som upplyste ringarnas inre yta, medan den yttre hade ett järngrått utseende. Då ledamöterna blev varse min förundran och häpenhet häröver, sade en av dem till mig: ”Om det nu vore tillfälle att visa er de fenomen, som vi genom andra slags instrument blivit varse, så skulle ni snart få klarare begrepp om det ni sett; men för det närvarande måste jag nöjas, att berätta, det de ringar, ni där ser, ej är sammanhängande. Var och en av dem utgörs blott av en egen liten och rund kropp, som med så obegriplig hastighet röres omkring medelpunkten, att den alltid förekommer såsom en sammanhängande ring. Genom dessa hastiga rörelser uti blodets allmänna vätska uppväcktes en elektrisk kraft, som i alla ringarnas medelpunkt hopsamlad åstadkommer ett klart sken. Den således uppkomna lysande fläck är att anses såsom en sol uti ett planetsystem, varest de uti ring omlöpande kroppar är planeter, i jämförelse mot våra himlakroppar till sin tideräkning lika oändligen hastiga, som till sin storlek oändligen små.” Vid det han sade dessa ord, förvillades min tankekraft, och jag föll uti en dvala. Jag var en av de små runda kroppar, som jämte en myckenhet mina vederlikar efter en harmonisk lag rördes uti cirklar. En naturlig instinkt förmådde oss att ströva åt vår gemensamma lysande medelpunkt, jämte det vi sökte närma oss till varannan. Men andra okända krafter, höll var och en av oss uti sin egen bana. Medan vi stundom nalkades att njuta varandras sällskap, stundom åter avlägsnades ifrån varannan, förändrades vi på åtskilligt sätt till vår skapnad: några av oss försvann, andra kom istället, utan att vi kunde märka, hur dessa förändringar tillgick. Vi var ock därom föga bekymrade, nöjda att endast fortfara i vårt tillstånd, så länge vår varelse var oss tillåten. Ordningen att försvinna kom till mig. Jag befann mig en oändligen mindre varelse, inbyggare på en av dessa runda kroppar. Min boning var nu ofantligt stor, och rymden, vari hon rördes, var en oändlighet. Nyss kommen till världen begynte jag genom mina föräldrars och omgivande äldre likars omsorg samla begrepp om de ting, som var utom mig. Den kropp, jag nu bebodde, bestod liksom vårt jordklot av sand och sjöar: ibland tusende slag av djur som därpå hade sitt hemvist, trodde jag och mina likar oss vara utmärkta för förnuft och högre bestämmelse. Vår skapnad var ej lik människans: jag minns nu ej, hurdant utseende vi hade, men våra behov och seder kom ganska nära överens med människornas. Vi härskade över alla andra djur, vi brukade vår jord; sådde och skördade dessa frukter, vi uppsökte skatter under dess yta, handlade med varannan, slogs och krigade esomoftast, och utgöt flera miljoners, av våra likar, blod, merendels utan någon giltig orsak. Vetenskaperna var på de flesta orter uti ett blomstrande tillstånd. Akademier, skolor, kloster, kyrkor och lärda sällskap fanns överallt. Genom tjänlig uppfostran kom jag, som av naturen var begåvad med god urskiljning, till anseende i den lärda världen. Jag levde till 120 års ålder, såg mina barnbarns barn, och avsomnade, mätt av ålder, omgiven av ett talrikt sällskap av mina avkomlingar. Jag vaknade nu ifrån min dvala, och fann med förundran, att denna min långsamma vandring ej pågått mera än ett ögonblick. Ljudet av talarens sista ord, oändligen små, hade ännu ej gått ifrån mitt öra, och ingen av de närvarande märkte hos mig någon förändring. Glad att ej ha förlorat något i sammanhanget av det mig föreställdes, berättade jag vad mig nu hade hänt. Min undervisare svarade: ”Er dvala hörde gerad till saken. Därigenom har ni gjort ett stort steg, att bättre kunna fatta vad jag vidare vill omtala.” Jag var uppmärksam, och han fortfor: ”I morgon hoppas jag få tillfälle, att tydligen för er ådagalägga sanningen av det jag redan sagt. Våra teleskop har i lika grad blivit förbättrade, som mikroskopen. Allt sedan Herschells tid har man fortfarit att bringa dem till större fullkomlighet. Det man för 100 år sedan förmodade, har nu fulleligen bekräftat sig. Ni skall nu tydligen få se, att inte allenast var synlig fixstjärna är ett särskilt solsystem, utan ock att hela mjölkvägen på himmelen består av idel sådana. Ni skall få se varje stjärna däri omgiven av sina planeter och dessas drabanter. Men än mera: er syn skall sträckas längre bort i den omåttliga världsrymden, och ni skall få se alla systemen uti ett sammanhang äga fullkomlig likhet, med det ni genom mikroskopet sett uti bloddroppen. Ni skall, liksom vi, ledas till den tanke, att allt det, vi ännu medelbarligen eller omedelbarligen uti världsrymden med något sinne kan fatta, sammantaget, utgör blott en ringa del av en vätska, tillhörig ett sammanhängande levande väsende, ett ofantligt stort djur. Detta djur förhåller sig till oss, såsom vi till de oändligen små kräk, hos vilka er ande nyligen vistades. Ni skall härav få nytt begrepp om oändligen stora och oändligen små ting, som för detta nästan undfallit allmänna tanken, emedan våra sinnen ej är lämpade till deras omedelbara fattning. För naturen är ingen gräns satt. Det är en förfärlig, men därjämte nu mera högst sannolik tanke, att det gives inte allenast ett, utan flera miljoner av sådana över allt vårt begrepp stora djur, och att alla dessa är inbyggare på en kropp, som jag må kalla jord eller planet, och som även torde ha miljoner sina likar. Det vore dårskap att påstå, det utrymme för varelser någonsin i naturen kunde saknas. Man befinner blott, vad hinder man slutligen vill föreställa sig verka emot världens vidare utsträckning. Man skall säkert finna intet. Ävenså må man å andra sidan tro, att ehuru oändligen små världarna uti djurens vätska förekommer oss, och ehuru ännu oändligen mindre deras inbyggare är, uti dessas vätskor lika väl ännu finns nya världar och nya inbyggare, vilkas litenhet är i mångfalt högre grad oändlig, samt att det ej kan finnas någon gräns för avtagande storlek. Lichtenbergs mening, att allt i naturen har liv och att döda ting ej finns utom människans inbillning, ansågs fordom vara djärv, ja, av några, brottslig. Numera tvivlar ingen på sanningen därav. Ni skall snart få se fenomen, som bevisar, att vår jord och planeterna är levande varelser som har medvetenhet om sig själva och kunskap om varandra. Vad ni under er dvala erfor i en liten värld, kan ni utan svårighet föreställa er lika så ske uti en större, och uti delarna av alla levande varelser. Men jag måste avbryta: tiden är inne att sällskapet åtskiljs, välkommen igen i morgon." Härvid gick var och en till sitt, och jag vaknade ifrån min dröm.

Zacharias Topelius

Den evige studenten

Zacharias Topelius (1818-98) hade en novell i förra delen av *Svenska sällsamheter*, det lugubra, gotiska skräckstycket *Bruden*. Topelius framstår alltmer som en banbrytare inom svensk genrefiktion, hur mycket finlandssvensk han än var. Svenska genreforskare uppehåller sig alltför mycket vid C.J.L. Almqvist och tycker sig hos denne se fröna och förstlingsverken till svensk "populärlitteratur", men den samtide Zacharias Topelius – minst lika populär i Sverige som Almqvist – var betydligt mer framstående på området, och bör därför betraktas som genrelitteraturens banbrytare i svensk litteratur snarare än Almqvist. Topelius novell *En natt och en morgon* (1843) uppvisar tydliga drag av att vara en detektivberättelse bara två år efter Edgar Allan Poes *The Murders at Rue Morgue* (1841), medan Almqvists *Skällnora kvarn* (1838) egentligen inte är någon detektivberättelse överhuvudtaget. (Misstaget har uppkommit genom en sammanblandning av brottmålshistorier och deckargenren, som förstås särskiljer sig från den klassiska brottmålsskildringen genom att följa en *detektivs* vedermödor för att avslöja brottslingen.) Topelius var synnerligen flitig med skräckromantiska och övernaturliga noveller; och i framtidsskildringen *Simeon Lewis resa till Finland år 5870 efter verldens skapelse, efter de kristnes tideräkning det 1900:de* (1860) skrev Topelius en av de allra första exemplen på svenskspråkig science fiction, tre år innan Jules Verne debuterade.

Helt frånsett Topelius finns det överhuvudtaget goda skäl att hävda att den svenska fantastiken hade sin vagga i Finland och inte i Sverige. Finlandssvenske Gabriel Israel Hartmans novell i denna antologi är antagligen den första genomförda skönlitterära berättelsen i genren på svenska, Anders Celsius romanskiss i all ära. Också finlandssvensk var Axel Gabriel Ingelius, som skrev den första kända gotiska skräckromanen på svenska, *Det gråa slottet* (1851). Och den av Timaios Press nyligen publicerade *Sveriges sista strid: fantastiskt nattstycke* (1840), som var en av de absolut första framtidsskildringarna på svenska och som grundade den än idag populära subgenren med en tänkt rysk invasion av landet, skrevs av finlandssvenske Gustaf Henrik Mellin (1803-76), sedan barnsben bosatt i Sverige.

Den evige studenten (1844) är Topelius personliga variation på temat med den vandrande juden – en mystisk, kuslig och stämningsfull historia där titelns student kanske, kanske inte är en lärd man som har blivit dömd att aldrig få ro eftersom han en gång förvanskade en bibeltext.

* * *

Doktor Rabe började sin berättelse på följande sätt:

– Jag reserverar mig på förhand mot misstanken att vilja berätta en spökhistoria, ehuru jag verkligen själv varit frestad att denna enda gång i mitt liv tro på någonting dylikt. Min berättelse gäller en psykologisk gåta, så sällsynt och så stridande mot de vanliga motiven för människors handlingar, att jag funnit endast ett motstycke därtill, nämligen i den paradoxala, men underbart sköna dikt av Almqvist, som kallas *Ramido Marinesco*. Goethe eller Walter Scott skulle utan tvivel av min gåta ha kunnat göra något mer än ett obetydligt studentminne. Men förlåt mig, jag är latinare; är det någon av sällskapet, som hyser en medfödd avsky mot långa latinska boktitlar?

Åhörarna förklarade blygsamt, att de visserligen ej kunde uppskatta värdet av en så stor lärdom, men var beredda att tåligt underkasta sig det som ej kunde undvikas.

– Jag bör då – fortfor berättaren – upplysa, att jag inte från vaggan varit romare, utan snarare grek, hebré, arab, syrokaldé, eller vad man vill kalla mig, kort sagt orientalist. Min far var en lärd teolog, som med stor energi kastat sig på bibelns språkforskning, exegetiken. Hans levnadsmål hade varit en lärostol vid Åbo akademi, men han blev förbigången av lyckligare om också ej skickligare medsökande och hamnade slutligen vid ett pastorat i norra delen av ärkestiftet. Här undervisade han själv sina söner till studentexamen, och emedan jag var den äldste, skulle jag naturligtvis träda i hans fotspår. Jag skulle gå längre än han; det är fäders berömliga ärelystnad. Jag skulle bli den lärdaste exeget som världen skådat; jag skulle belysa den heliga skrifts förborgade djup med så klara facklor av forskningens ljus, som ännu ingen forskare tänt, och fördenskull undervisades jag från min tidiga ungdom i alla dithörande språkstudier, förnämligast bibelgrekiskan och hebreiskan, till dess att jag i dessa språk kände mig så hemma som fisken i vattnet. Latin var en bisak, men kunde ej undvikas. Visst kände jag redan vid tretton år en förunderlig sympati för den tappre Eneas, långt mer än för Moses och David; men min fars vilja var lag, och jag inreste, sjutton år gammal, till akademin med Arosenii hebreiska grammatika som min högburna fana, för vilken jag ganska riktigt tog det högsta betyget.

Hösten 1826 bodde jag vid Slottsgatan i Åbo i en tarvlig studentkammare med det enda låga fönstret mot Aura å, betalade tre riksdaler i månaden för rum, möbler och uppassning samt lika mycket för den bekanta studentsoppan med potatis och fläsk, stekt strömming och till söndagen plättar. Huset tillhörde en skräddaränka, madam Mettinen, som, utom mig, hyste blott en annan hyresgäst, och det var denne som jag måste anse för en långt märkvärdigare person än jag då var, sedan blivit eller någonsin kan hoppas att bli.

Han hette Müller – Peregrinus Müller, såsom jag sedan erfor – och bodde i rummet nästinvid mitt, med skild utgång till förstugan. Denna dörr var beständigt låst och nyckeln urtagen. Någon gång hade jag i förstugan eller i porten sett en lång, mager och mörk gestalt slinka förbi mig i skymningen, tyst som en skugga. Han bar en ovanlig utländsk dräkt: en sliten, åtsittande, svart sammetsrock, vida benkläder av flanell och turkiska halvstövlar; på huvudet en luggsliten trekantig hatt av den form som brukats då för femtio eller sextio år tillbaka. Jag kunde möta honom i allt slags väderlek och mest i duskväder, aldrig bärande något överplagg, men alltid en packe böcker under vänstra armen, medan den högra stödde sig mot en knölig, brun käpp, eller rättare stav, med ett ugglehuvud i knoppen. Var god och betrakta staven; det är den som jag nu bär i min hand, han lämnar mig aldrig.

Sällskapet ägnade en flyktig uppmärksamhet åt doktorns trogna stöd, vars nötta doppsko och slitna ugglehuvud utvisade långa okända vandringsmödor. Berättaren fortfor:

Den besynnerlige grannen väckte min nyfikenhet, och då jag hade lyckan stå väl anskriven hos min värdinna, befanns hon långtifrån obenägen att berätta mig allt vad hon visste eller inte visste om min grannes person. Han var utlänning, förmodligen tysk, hade hitkommit med betyg från Göttingen och talade alla språk, även svenska och finska, nästan som inföding. Sade sig vara student, inte doktor eller magister, vilket hade bättre rimmat sig med hans ålder, ty han såg ut att ha närmare till fyrtiotalet, än till de rätta, glada studentåren. På något sätt var han avsigkommen, det kunde man se på hans kläder, han hade ej mer än han gick och stod i, och likväl hade han medfört en tung kista, uppfylld med böcker. Men utfattig var han inte, efter han punktligt på dagen betalade månadens hyra i förskott, vilket var mer än min värdinna trodde sig kunna säga om alla studenter...

Jag anmärkte småförståndigt, att Müller kanske brukade rumla.

– Han! utropade madam Mettinen. Han drack intet annat än vatten, åt intet annat än bröd, frukter och grönsaker, vilket också var mer än min värdinna trodde sig kunna säga om alla studenter. Men en osed hade han, utom att han aldrig mottog besök och aldrig umgicks med någon människa. Hans rum fick aldrig städas – tänk, aldrig städas, sopas, dammas, skuras! – och hur kunde en sådan student vara annat än avsigkommen! Därför såg där ock så ut, som tjänsteflickan kunde intyga, när hon en gång om dagen inbar vatten, livsmedel och stundom lampolja eller vaxljus, ty Müllers lyx var att bränna vaxljus. Böcker och åter böcker, papper och åter papper, på bord, hyllor, stolar och golv; nej, det var inte en mänsklig boning, det var ett kråkbo. Vartill min goda värdinna ansåg sig böra tillägga, att hon visst inte hatade anständiga och nyttiga böcker, såsom *Sjögrens lexikon* och andra *opera omnia*, vilka hon i många år varit van att se uppslagna på sina studenters bord och som tålde sin dammviska, utan att mucka; men Müllers hedniska böcker skulle knappt kunna tvättas rena med tysksåpa. Därtill hade han ännu den ovanan att låta sin lampa brinna hela natten igenom. Man hade nogsamt förmärkt detta genom dörrspringan, och var tar det hus, om en student somnar bort från sin lampa? Ett så eldfarligt oskick hade värdinnan ej velat tillåta och sagt honom det, men vad hade han svarat? Frukta ingenting, hade han sagt; jag har inte tid att sova.

– Inte tid att sova! upprepade madam Mettinen med rättmätig indignation. – Liksom en gammal student skulle ha glömt att sova! Jag har hyrt rum åt alla slags studenter, dem som sovit tolv timmar i dygnet och dem som sovit knappt fyra, men sova, det har de alla kunnat. Jag säger ingenting om att man är flitig, helst när man kommit en smula på efterkälken och försöker äntligen plugga in någon lärdom i sin fattiga skalle; men vore ej karlen så beskedlig och stillsam och betalade så ordentligt sin hyra, sannerligen jag vore den, som längre ville tåla hans hedniska leverne. Det står ej rätt till med den stackaren, där är en skruv lös.

Sistnämnda förmodan syntes ej osannolik och delades, som jag snart erfor, av många i Åbo. Müller behärskades av en fix idé, vilken inte tycktes stå i något samband med en students vanliga och lovliga flit att studera sig fram till en bestämd examen. Han infann sig alla dagar punktligt på slaget tio i akademins bibliotek, men gick inte när andra gick, utan hade utverkat sig tillåtelse att få kvarstanna till mörkrets inbrott. Där såg man honom, dagen igenom, fördjupad i läsningen av de äldsta, vidunderligaste och dammigaste folianter, som under tidernas lopp samlats på bortglömda hyllor och av ingen mer efterfrågades. Han stökade, med särskilt tillstånd, i de mest urblekta och oläsliga medeltidshandskrifter, gamla räkenskaper, inhäftade i lösrivna pergamentblad av äldre, förkomna verk, och sådana av tiden och råttorna illa medfarna, obeskrivliga buntar av bokvrak och pappersvrak, som hamnat i skräprum och vindar, emedan ingen funnit det mödan värt att göra sig underkunnig om deras innehåll. Han hade en lördag blivit glömd av vaktmästaren och instängd till måndagen, när biblioteket åter öppnades, men funnits lika ostörd fördjupad i sina handskrifter, som skulle mat, dryck och ljus för honom endast varit obetydliga bisaker. Han skulle, med en sådan ihärdighet, varit bibliotekariens förtvivlan, därest inte denne, till sin överraskning, funnit i Müller ett outtömligt lexikon för alla rariteter i bokväg, dem ingen kände som han och vilkas upplagor, årtal, förläggare, innehåll, band, sidor och ryktbara tryckfel han kunde med otroligt minne uppräkna. Det hade småningom visat sig, att denne avsigkomne student – "ein bemooster", som tyskarna skulle kallat honom – åtminstone som bokkännare besatt en förvånande lärdom, vilken han ock hade att tacka för det fria tillträdet till alla bibliotekets samlingar. Men med allt detta misstänkte man, att det inte stod rätt till med Müllers fixa idé. Vad ville han? Vad sökte han? Vad studerade han? Ingen visste det.

Min granne gjorde mig inte det minsta besvär. Jag hörde väl stundom på natten genom den tunna väggen till hans rum ljudet av en hopslagen bok med tjocka pärmar och därefter någonting som liknade en tung suck, men jag vande mig lätt därvid och lät det ej störa min vila. Alla mina tankar upptogs vid denna tid av Jobs bok, som jag begynte studera på grundspråket, och Jobs bok var en benig fisk att fjälla för lärdare uttolkare än jag kunde berömma mig vara. Några veckor hade på detta sätt förflutit utan beröring med grannen i andra rummet, när en ovanlig och löjlig tilldragelse gav anledning till första bekantskapen mellan oss. Hösten var stormig, men vad frågar den tysta studerkammaren efter elementens raseri? Jag satt vid mina böcker, dagen gick, kvällen gick, jag befann mig med Job i Kaldéen och glömde tre eller fyra tusen år, som skilde vår tid från hans. En afton hade jag lagt mig sent och sov som man sover vid sjutton år, när jag vaknade av att fönstret störtade in och tunga stötar hördes dunka mot yttre väggen. Rummet var så mörkt som man billigt kan begära av en novembernatt, och likväl tyckte jag mig i det svarta mörkret se ett stort, spöklikt föremål röra sig vid min säng. Jag uppreste mig till hälften, grep med handen i något ohyggligt vått, som tycktes famla efter min huvudkudde, och kände en kall luftström intränga genom fönstret. Innan jag hunnit reda mina förvirrade tankar, öppnades dörren av luftdraget, och strax därpå inträdde min granne med ett brinnande vaxljus, varmed han antände min fattiga talgdank.

– Stå upp, sade han. Översvämning!

Den berömda Aura är en för lärd flod, för att gärna låta förleda sig till pojkstreck, men före strändernas nya reglering var översvämningar inte sällsynta, och nu hade vi en. Jag stod upp och såg fönstret krossat, golvet översvämmat av vatten, mitt i rummet ett långt, obegripligt, gungande föremål, som skrapade väggen, kullslog vattenkaraffinen och tycktes närma sig min säng i fientliga avsikter. Det dröjde en stund, innan jag i detta besynnerliga nattspöke igenkände bogsprötet av en galeas, som av stormen och floden kastats mot stranden och ränt sitt oförskämda tryne in genom mitt fönster.

Vad var att göra? Jag klädde mig, bärgade min dyrbaraste egendom, varibland Job, och stod i begrepp att ta till flykten, när jag ihågkom Müller, som väckt mig och nu befann sig i samma vattunöd. Dörren till hans rum stod öppen, jag bärgade min Job på en bodtrappa och skyndade att bistå min granne vid bärgningsarbetet. Han mötte mig i förstugan, bärande en järnbeslagen kista, så oskapligt tung, att hon tycktes vara nog för fyra mans börda. I detsamma erinrade han sig något som han glömt, och ropade till mig: – *Guidonis! Guidonis!*

Golvet i hans rum var översvämmat av vatten, såsom hos mig. Jag sökte och fann i en vrå vid kakelugnen en väldig foliant om minst ett lispunds vikt, med tjocka träpärmar och mässingsknäppen, liggande på sidan i det inströmmande vattnet. Vaxljuset brann på bordet, jag kunde, oaktat brådskan, inte avhålla mig från att kasta en blick på bokens titel och läste: *Guidonis Pancirolli Rerum Memorabilium sive Deperditarum Pars Prior*, första delen av ett arbete om minnesvärda eller förlorade böcker, kommenterad av Salmuth och tryckt i Frankfurt år 1646. I pärmen lästes med vacker handstil: *Peregrinus Müllerus, Aboæ 1699.* Jag fäste mig i denna handteckning vid den ovanliga p-slängen, som utlöpte till vänster i ett kors, sammanbundet med ett svärd.

Vi tillbragte med husets övriga förjagade invånare två eller tre ruskiga timmar i en högre belägen spannmålsbod och återvände vid dagens inbrott, när vattnet begynte falla. Våra härjade bostäder försattes inte utan möda i beboeligt skick, och nu berättade mig madam Mettinen triumferande, att hon äntligen fått städa min grannes rum. Mäktigare än alla förlästa bokmalar, hade Auras vatten åtagit sig besväret att skura, och innan kråkboets inbyggare fått tid att besinna sig, hade sopkvasten fullbordat vad den stora skurtrasan så lyckligt begynt.

Några dagar förgick och Job beredde mig, om inte just lika mycket lidande som han själv erfarit, så likväl bekymmer nog för en ung och otålig nybörjare. En afton föll det mig in, att Müller möjligen försökt sig i hebreiskans irrgångar, och hade jag inte något att lära av honom, så kunde han vara intresserad av att lära något av mig. Jag inväntade alltså i förstugan hans återkomst, för att fånga honom i flykten. Han kom ganska riktigt.

– Herr Müller, sade jag, ge mig ett råd!

– Vad är det? Har inte tid.

– Jag befinner mig i största förlägenhet för ett ställe i Job. Texten syns mig antingen motsägande, eller illa uttolkad av De Wette.

– Riktigt, herre. Tvivlet är sanningens moder. Stig in!

Vi trädde in; han påtände sin lampa. Job hade berett mig en gunst, som förvägrades alla andra. Rummet såg ut som om det åter behövt en översvämning. Snäckan i detta skal intog den enda stol som fanns ledig, och jag satte mig obedd på kanten av den tarvliga bädden.

Jag hade nu för första gången tillfälle att i lugn betrakta min granne på närmare håll. Han tycktes vara en man i sin ålders fulla kraft, starkt byggd, ehuru mager, och av något mer än vanlig längd. Hans drag var ädla och regelbundna, men sällsamt bleka, ögonen stora, mörka och djupa, uttrycket en blandning av tankspriddhet, sorgsenhet, trötthet. Det långa, bruna, ovårdade håret betäckte till hälften en hög panna, som röjde ovanlig tankekraft.

Medan jag uppvisade stället i Job och redogjorde för mina tvivel, ej utan den hemliga fåfängan att något litet lysa med min förmenta lärdom, livades småningom det förströdda uttrycket i Müllers drag, hans blick skärptes, hans annars enstaviga tal blev övertygande klart, ja vältaligt. Han utredde inte blott detta svårlösta ställe med en förvånande lärdom, han uppvisade dess samband med andra egenheter hos den okände författaren till Jobs bok och gav mig en ledtråd för hela serien av dessa studier. Det var mer än lärdom, det var en allt behärskande, allt överblickande intelligens; aldrig hade jag kunnat drömma om en sådan överlägsenhet, och på två timmar lärde jag mer av denne man, än förut på två år.

När jag slutligen, alltmera förvånad, begärde få veta Müllers tanke om en bland de mest olösliga av Jobs gåtor, svarade han:

– Stället är interpolerat, det är inte äldre än sjätte århundradet och finns inte i tidigare avskrifter. Jag skall säga er varav det kommer. *Lectio vulgata* är korrumperad av rabbinerna i Alexandria och Damaskus, för att få en överensstämmelse med Talmud. Randglosor, varmed uttolkaren velat förtydliga dunkla ställen, har införts i texten av okunniga skrivare, alldeles såsom det skett med Nya testamentets codex. Job är ett odödligt klassiskt verk från Salomos tid, men vad skall vi säga om diskordanserna i evangelisternas framställning? Utom all fråga är diskordansen endast verbal och förklaras, där den syns real, av de godtyckliga omkastningar texten lidit under dess första rapsodiska antecknande. Forska djupare, herre, och ni skall inse möjligheten att exegetiken en dag lyckas återställa hela vår codex, den nya såväl som den gamla, i dess ursprungliga renhet.

Jag betraktade honom med oförställd undran. Han tycktes växa i höjden under dessa med hela vetenskapens tillförsikt uttalade ord. Jag anmärkte, att skriften själv förutsagt sin återställelse, när den förklarar, att inte en prick av Guds oförfalskade ord skall i tiden förgås.

– Nej – återtog Müller och stirrade på mig med en blick som kom mig att häpna – förgås skall det inte, men till en tid förmörkas. Ve den, genom vilken förargelse kommer!

– Men – invände jag – en uttolkare av skriften kan ha farit vilse i ärlig avsikt, när han trott sig insätta ett riktigt ord istället för ett oriktigt.

Müller fortfor att stirra på mig med samma obeskrivliga blick och yttrade långsamt:

– Mästaren har sagt: de ord jag giver eder är ande och är liv. Ande och liv! Den, som stjäl ett människoliv, är en mandråpare. Den, som stjäl ordets liv, är en gudsdråpare. Den, som insätter sin ande i det rum, vilket är tillmätt åt den evige anden, han vill nedstörta den allsmäktige Gud från andarnas tron. Det är skrivet: "Om någon lägger något härtill, på honom skall Gud lägga de plågor, som är skrivna i denna bok. Och om någon borttager något från denna boks profetias ord, hans del skall Gud borttaga från livets träd och från den heliga staden, om vilka är skrivet i denna bok" ... Unge man – utropade han plötsligt och fattade mig hårt i armen – rör inte vid skriftens text! Det kostar årtusenden utan ro.

Det låg ett så fruktansvärt allvar i hans ord, att jag inte för mitt liv vågat motsäga honom eller göra en rörelse för att undandra mig hans genomträngande blick. Efter några ögonblicks tystnad släppte han min arm, betäckte sina ögon med handen och upprepade med ett uttryck av outsägligt lidande:

– Årtusenden utan ro!

Hastigt sprang han upp och fattade mig åter i armen.

– Jag skall finna dem, sade han, om det ock skulle kosta mig tjugo människoåldrar. Jag skall finna dem, om jag ock måste än en gång genomleta allt under sekler förgätet och förlorat i tideböckerna.

– Vad skall ni finna? frågade jag, och än i denna stund begriper jag inte hur jag hade mod därtill.

– Vad? Bevisen emot mina hundratolv Barberinska lärosatser, och inte mina allena, utan ock de Velesianska. Jag skall bevisa att Wetstein har rätt, när han kallar mig en förfalskare av skriftens text på Urban den åttondes befallning till förmån för den latinska versionen. Jag skall bevisa deras okunnighet, som tagit mitt försvar. Trasa efter trasa, skall jag sönderslita mitt rykte; jag skall tvinga världen att erkänna mig för en usel bedragare...

Här släppte han ånyo min arm och tog några steg med livliga åtbörder.

– O, det skall lyckas mig, om inte nu, så i nästa århundrade. Vilken vällust! Man skall smäda och förakta mitt namn. Finns det något lycksaligare, än att förstöra sin ära, som två lättrogna sekler efterstavat? Den dag, när jag blivit överbevisad att inte ha samlat mina ryktbara läsarter ur tjugotvå handskrifter från åren 349 till 1254, men att istället ha korrumperat texten till förmån för Antikrist på den romerska stolen, den dagen har också jag till sist funnit ro!

Och den besynnerlige mannen utsträckte lidelsefullt sina båda armar, liksom efter ett fjärran mål av den högsta sällhet. Därpå fördystrades åter hans drag, hans armar nedsjönk, han dignade kraftlös ned på stolen vid skrivbordet.

– Men – fortfor han tvekande – det är ännu långt, långt, långt till vilotimmen, och jag är så trött. Om jag blott ägde Origines' codex! Eller blott Hesychii! Eller Athanasii! Det finns endast en avgörande auktoritet, och var skall jag finna den? Jag vet, att Sveriges Gustaf Adolf bortförde från München den handskrift jag framför alla andra behöver. Jag har sökt den förgäves i alla Skandinaviens arkiv, förgäves i Åbo. Och den måste dock finnas, den måste, måste... Men *var*?

Under dessa ord hade Müllers blick blivit allt mera frånvarande, han tycktes fullkomligt ha glömt min närvaro, och vid den sista, knappt hörbart uttalade frågan hade han inslumrat vid bordet, med huvudet stött emot högra handen. Han kunde dock sova, denne rastlöst forskande man, men han sov ej som andra, han sov med öppna ögon...

Jag smög mig bort och hörde klockan i domkyrkotornet angiva midnatt. Sömnen flydde mina ögon; jag tyckte mig ännu höra samma förtvivlans suck från rummet bredvid: – *Den måste finnas, men var?* Jag hade sett en vansinnig i hans triumf och förtvivlan, därpå kunde jag inte mera tvivla. Men vilken storhet, vilket djup i den förunderliga fixa idé, som tycktes behärska denne olycklige forskare i arkivens hemligheter! Och vilken ofantlig lärdom gick inte härvid till spillo just på det fält av forskningen, åt vilket min far ägnat den bästa delen av sitt liv och som skulle bli mitt eget! Dessa tankar jagade hela natten igenom min sömnlösa fantasi. Beständigt genljöd i mina öron samma fråga, som ligger i bottnen av alla forskningar, som går genom seklerna och i tusende former ånyo återkommer för den sökande människoanden: *Var? Var? När skall jag finna ro?*

Följande dag var Müllers dörr stängd, som vanligt. Julen tillstundade, jag begagnade med nöje min fars tillåtelse att tillbringa några veckor i hemmet och avreste från Åbo, utan att ha återsett min besynnerlige granne sedan den kväll, när jag så oförväntat blev ett vittne till hans sällsamma sinnesförvirring.

Hemkommen, överhopades jag av min far med frågor om akademin och naturligtvis främst om mina egna studier. Jag redogjorde för mina framsteg och omtalade lektionen i Job hos min granne Müller. Min far skrattade.

– Jag känner det där, sade han; sådana är alla äkta bokvurmar. År 1787, när jag inskrevs vid akademin, fanns vid Slottsgatan i Åbo en dylik besynnerlig karl, övermåttan lärd och något vriden därjämte. Gick vanligen i en sliten svart sammetsrock, glötade i biblioteket och levde av tomma luften. Peregrinus Müller; jag kände honom mycket väl, vi studerade båda exegetik.

– Peregrinus heter också min granne, anmärkte jag.

– Namnet är inte vanligt – fortfor min far – men det torde vara brukligt i släkten. Sannolikt är din Müller av 1826 en son till min Müller av 1787. Min Müller hade en besynnerlig vana: han somnade vid midnatt med öppna ögon.

– Det gör också min Müller.

– Verkligen, fortfor min far vid muntert lynne. – Vi känner förut en evig jude; nu får vi kanske den äran att göra bekantskap med en evig student. I min ungdom påstod sig gammalt folk ha sett en dylik konfys herre i Åbo 1740, och vår kapellan, pastor Henriksson, omtalar en dylik stökare i biblioteket 1807. Var tid har sina grubblare och sina vidskepelser.

– Men – återtog jag – om man sammanlägger årtalen 1740, 1787 och 1807, så har de alla inträffat näst före ett krig i vårt land.

– Ja, varför inte? Har man väl en komet, alltid finner man efteråt någon märkvärdig tilldragelse, som den skulle förebådat. Vore nu Müller en sådan krigskomet, så måste han ju ha lämnat spår efter sig år 1699.

Med ens rann mig bjärt i hågen den namnteckning jag läst i pärmen på *Guidonis Pancirolli* foliant, obäkig i åminnelse: *Peregrinus Müllerus,*

Aboæ 1699. Det slog in, och jag underlät ej att omtala det. Min far syntes brydd.

– Låt oss ej mera tänka på dessa enfaldiga sammanställningar, sade han. Översätt för mig en sida ur Job, så är vi åter inne i realiteter.

Job upptog den aftonen. Men under natten och vilan spökade den besynnerlige studenten åter i mina drömmar. Jag tyckte mig se honom, hård och förstenad som en tusenårig mumie, luta sig över min bädd och säga till mig med gravstämma: Jag är sjuhundra år gammal; hur gammal är du? Jag har studerat med Abelard, jag har lärt min visdom av Albertus Magnus, Roger Bacon och Cartesius. Petrarca var min förtrogne vän, jag har duellerat med skotten Grichton, som kunde allt, och formerat pennor åt Hugo Grotius. Det var jag, som gjorde Wiklef uppmärksam på Nya testamentet, och jag kunde berätta dig vad Huss viskade i mitt öra, när han besteg bålet. När Luther på Wartburg kastade bläckhornet efter djävulen, kastade jag sanddosan och träffade plumpen. Långt före detta var jag invigd i alla grenar av *trivium* och *quadrivium*; guldmakarekonsten, *quadratura circuli* och *perpetuum mobile* har längesedan upphört att vara gåtor för mig. Jag känner alla vetenskaper och talar alla språk. Jag kunde bli professor i alla fyra fakulteterna, men jag har medlidande med mina efterträdare, de skulle alltför länge få vänta. Jag studerar det outrannsakliga, jag känner alltings början och väntar få skåda alltings slut. En gång i varje människoålder visar jag mig för att förebåda märkvärdiga ting. Du, myra, skall uppleva året 1827, som nu förestår, och du skall erfara att jag inte uppträtt förgäves. En ny Djingis Khan skall uppstå bland lapparna, de skall uppresa sig och uttåga med sina renar för att erövra världen. Europas förenade härar skall möta dem på Parola malm, och det skall varda ett fältslag, efter vars slut man skall glädja sig åt gott pris på renhudar och lappmuddar...

Störd i min vila av dessa gycklande fantasier, önskade jag min evärdlige Müller tillbaka till medeltiden, vilken han aldrig bort överleva. Men redan följande morgon erhöll jag en ny påminnelse om detta sällsamma original. Vid inträdet i min fars rum fann jag honom bläddrande i ett gammalt, fordom lysande bokhäfte, inbundet i pärmar av rött marokäng med hans namn i gyllene bokstäver inpressat i pärmen.

– Din student förföljer mig, sade min far, något förlägen att ertappas vid detta morgonnöje. – Jag har ej fått sömn i natt för den oslipplige karlen. Du talade om en namnteckning från 1699. Nåväl, du skall nu övertyga dig, att Müller från 1699 och Müller från 1787 ej kan vara samma person. Se här den senare egenhändiga namnteckning i en gammal minnesbok, som jag förvarat från min studenttid. Läs själv: "*Sapientia est immortalis. Peregrinus Müllerus, Aboæ Cal. Octobris Anno MDCCLXXXVII.*"

– Och detta skulle vara hans egen handstil, min far?

– Jag har själv sett honom skriva det.

– Men det är ju omisskänneligt samma prydliga stil, som namnteckningen av 1699. Jag kunde ej undgå att fästa mig vid den ovanliga p-slängen, som liknade ett kors, sammanbundet med ett svärd. Och se här... samma kors, samma svärd!

– Det är efterapat, utbrast min far missnöjd och slog igen boken. – Sådana krumbukter går i arv från far till son. Antar vi som möjlighet, att en student om tjugo år från 1787 kunnat uppträda vid fyrtio år 1807 och vid femtionio år 1826, så kommer vi inte ur fläcken med årtalet 1699. Humbug, ren humbug! Jag har bevittnat för många gåtor i livet, för att så utan vidare avhugga dem jag inte kan lösa, men det skall finnas någon reson i dem. Skrock kallar jag allt det som inte har något förnuftigt ändamål. Men vilket rimligt ändamål kan tänkas för en titulus Müller att spelar seklernas vagabond? Spökar för krig? Prat! Framvisa någon rättighet för honom att leva, och om jag inte kan tro på hans fullmakt att vara gengångare, skall jag åtminstone förlåta andra deras lättrogenhet.

Jag kände min far; han var för mycket vetenskapsman för att anta något utan bevis, och om Müller blev inte mer fråga. Julen förgick så hastigt och glatt som en jul förgår när man är student, har ett gott hem och utom hemmet en flamma i vinterkölden. Knutsdagen stod min häst förspänd, och jag skulle åter inresa till Åbo. Sedan min far uppräknat reskassan, med tillsägelse att föra noggrann bok över mina utgifter och spara på allt, utom privata kollegier i hebreiska och arabiska språken, frågade han med skenbar likgiltighet:

– Sade du inte, att din Müller, liksom min, är känd för sin vurm att leta i gamla medeltidshandlingar?

– Ja. Han söker en handskrift, som han ännu ej lyckats finna. Förmodligen gäller den exegetiken.

– Karlen må vara klok eller galen – fortfor min far – så gör det mig ont om honom. Jag förstår vad det innebär att känna sitt livs uppgift hänga på ett halmstrå, som man inte kan finna. Min Müller sökte, som din, en handskrift, vilken ej var tillfinnande någonstans. Ett år eller par sedan han försvunnit, jag vet inte vart, tog jag privata kollegier i arabiska hos professor Lars Lefrén, en berömd orientalist, som någon tid varit bibliotekarie i Åbo. Han visade mig en besynnerlig gammal handskrift, troligen hörande till Torsten Stålhandskes boksamling, som var ett byte från trettioåriga kriget och förärades till akademin kort efter dennas grundläggning. Lefrén själv kunde inte läsa handskriften, men så mycket trodde han sig förstå, att det var en översättning av de tre första evangelierna till något obekant språk. Några år senare, när jag bättre förstod uppskatta värdet av en sådan raritet, sökte jag handskriften i biblioteket, men fann den inte mer, den hade förkommit, såsom mycket annat förkommer på lån; och dåvarande bibliotekarien, kanslirådet Clewberg, var ofta frånvarande i Stockholm. Efteråt har jag kommit att tänka på Lefrén, som dog vid åttioett års ålder på Hatanpää gård i Messuby 1803 och vars fru hette Leijonancker. Lefrén var en mycket kristlig och rättskaffens man, herrnhutare i sin tro, men på sista tiden av ålder något minneslös, varför det inte är otänkbart, att den gamla handskriften kunnat bli glömd bland hans papper. När du nu reser till Åbo, så res över Tammerfors och hör åt på Hatanpää, om möjligen där skulle finnas några glömda papper av Lefréns kvarlåtenskap. Man måste försöka allt för att återfinna en sannolikt dyrbar urkund, som tillhör akademin och som annars skall dela eller redan delat så många oersättliga handlingars öde att brinna upp eller förstöras av råttor. Låt mig veta, om du lyckats upptäcka något spår därav, och hälsa din Müller från hans namnfrände 1787. Någon komet är han inte, men man måste hysa aktning för forskningen; jag är sannerligen nyfiken att erfara något mer om detta underdjur.

Jag reste över Tammerfors, och därifrån var inte långt över isen till Boijames vackra Hatanpää. – Professor Lefréns kvarlåtenskap? Nej, där fanns ingenting, det var mer än tjugotre år sedan Lefrén dog.

– Men kanhända finns ännu på vindarna någon bortglömd kista med gamla papper? ...

Nej, det fanns ingen sådan kista, här var allt omstädat, sedan godset kommit i andra händer.

– Men här måtte dock ha varit någon auktion på lösegendom och skräp sedan förre ägarens tid? ...

Ja, här hade visst varit en eller flera auktioner, men det var länge sedan, ingen ihågkom numera vad då sålts eller vem som då inropat det.

– Kapten Häger på Haavisto i Birkkala inropade mycket skräp på sista auktionen, inföll slutligen en gammal trotjänarinna.

Kapten Häger var för mig en fullkomligt obekant storhet, men då ingen vidare upplysning stod att fås och min väg till Åbo gick genom Birkkala, beslöt jag att göra ett försök på Haavisto. Allt hade sammansvurit sig att gäcka min efterspaning. Kapten Häger var också död; man erinrade sig, att han för en hop år sedan släpat några gamla stolar, skåp och kistor från Hatanpää, men de papper, som möjligen funnits, hade sönerna i gården begagnat till förladdningar och döttrarna till tårtunderlag. Nuvarande värdinnan tillade skrattande, att drängarna brukat tända veden i rieugnen med sådana onyttiga papper.

På min enträgna begäran fördes jag till en hövind, dit man undanstökat allt obrukbart skräp, som inte annorstädes fått plats. Det var ett kaos av obeskrivliga saker: stolar och bord utan fötter, skåp utan dörrar, korgar utan botten, malätna skinnfällar, jaktstövlar utan sulor, dunbolster som kringstrött halva sitt innehåll, avslitna tömskaft, söndriga bjällror, ruiner av smörkärnor, vettar för fågelskytte, lock av kistor, älghorn och bockhorn, hästskor och grimmor, en gammal målskjutningstavla och slutligen en före detta mjöllår, uppfylld till hälften med kalk och sågspån, till andra hälften med lämningar av tapeter och gamla kungörelser. Jag hade verkligen mod att insticka min arm i denna förtvivlade styggelse, och sedan jag kringkastat dessa kalla, fuktiga papperstrasor, upptäckte jag i hörnet av mjöllåren en möglad, med kalk och sågspån överhöljd rulle, ombunden med rött silke. Jag upplöste rullen och fann en handskrift på pergament.

Historien om denna upptäckt är inte sällsammare än mången annan sådan i vårt land och andra länder. Hur ett oskattbart stycke forntida litteratur efter seklers skiften plundrats under ett förödande krig, därefter rest över hav och land, hamnat i ett bibliotek, utlånats åt en lärd forskare, glömts vid hans död, fortsatt sina resor, sålts som makulatur, undgått förladdningar, tårtor och rieugnar, vräkts i en mjöllår och äntligen funnits av en envis student – allt detta är blott ett upprepande av det gamla *habent sua fata libelli*, skriftstycken är ödets kastbollar. Jag ber om förlåtelse, jag skall spara latinet så mycket som möjligt.

Inbyggarna på Haavisto dolde inte sin munterhet, när jag erbjöd dem tre riksdaler i lösen för detta mitt fynd. Det var dock pergament, så mycket förstod de, och pergament kan med fördel begagnas till att bekläda nappen i barns dihorn. Men att värdera en möglig rulle för detta kalvskinn till mer än högst tolv skillingar, detta syntes dem vara höjden av slöseri; det kunde endast väntas av en student, som alltid har gott om pengar.

Ankommen till Åbo, underrättade jag min far om det lyckliga fyndet. Jag hade inte underlåtit att omsorgsfullt befria det från spåren av en otacksam eftervärlds vanvård; men läsa det, därtill förslog inte all min fattiga lärdom. Rullen innehöll åtta blad pergament, hoprullade under ett omslag av grovt, halvmurket hamptyg och ytterst tätt fullskrivna med en oläslig skrift. Aldrig hade jag haft någon aning om dessa besynnerliga skrivtecken uppifrån nedåt och nedifrån uppåt, så vidunderligt gamla, att de knappt bar spår av de bjärta färger och prydliga ornament, varmed medeltidens munkar plägade utsira sin munkskrift. Påtagligen hade man inte i Åbo haft någon aning om skriftens betydelse. Min första tanke var att genast återställa denna oersättliga raritet till dess rätte ägare, akademin och dess bibliotek; min andra tanke var Müller. Kunde jag, borde jag lämna handskriften ifrån mig, innan jag erfarit Müllers mening därom? Lefrén hade för fyrtio år sedan inte förmått dechiffrera dess innehåll, och nu hade skriften blivit än mera oläslig. Vilken annan än Müller kunde avslöja dess gåtor?

Hans dörr var stängd, som förut. Min värdinna berättade mig, att han varit mera sorgsen och mera sluten än förr. Det förekom henne som hade han *åldrats*. Och nu var han sjuk.

– Sjuk? Vem vårdar honom?

– Herrn vet, att han aldrig mottager någon.

Jag fattade mitt beslut. Tjänsteflickan inbar på aftonen friskt vatten till min granne, det enda han numera mottog. Hon medförde några skrivna ord från mig, vari jag underrättade honom, att jag kunde meddela något viktigt om en forntida handskrift. Jag fick inträde och fann Müller klädd, men, mot vanan, halvliggande på sin bädd. Han var blek och trött, hans stora, mörka ögon djupt insjunkna och så glänsande, att de tycktes lysa. Han gav mig ett tecken med handen att ta plats på den enda brukbara stolen och avbidade tyst vad jag hade att säga honom.

– Ni är sjuk? började jag.

– Jag har aldrig varit sjuk, svarade han. Trött, det är möjligt. Jag har en lång väg att vandra.

– Ni behöver en läkare. Tillåter ni att jag påkallar professor Törngren? Eller kanhända professor Hwasser?

Han smålog.

– Om jag behövt en läkare, tror ni att jag nu skulle vara tvåhundrafyrtio år gammal?

Jag ryste. Müller av 1699, 1740, 1787 och 1807 stod levande för min inbillning.

Han gissade mina tankar och fortfor halvt föraktligt, halvt vemodigt:

– Förvånar det er? Ja, jag vet ej varför jag kom att nämna min ålder, det är annars inte min vana. Människans jordiska måttstock är så liten, att seklerna tycks henne vara ofattliga för en livsålder. Och vad är ett fattigt århundrade mot den tid, som vårt solsystem behöver för att kretsa omkring sin medelpunkt, eller som detta oskönjbara centralklot behöver för att kretsa kring Allmaktens tron? Lär av sländan, som lever en dag och anser en mansålder vidunderligt lång, hur litet vår måttstock passar för människoanden, som skall leva ännu när den sista för våra ögon synliga stjärnan fulländat sitt lopp kring den sista centralsolen!

Jag hade intet att svara. Hans ord var sublima, hans blick så genomborrande klar, att jag tyckte mig höra en ande tala.

Han fortfor:

– När jag var ung efter människors vanliga mått, hade Copernicus visat oss hur vi bor på ett rullande klot och tycker oss se himmelens stränder röras omkring oss. Galilei mätte vår bana, människan förflyttades från skapelsens medelpunkt till en liten förgäten vrå i den oändliga världsrymden. Detta väckte själarnas uppror. Den högmodiga människoanden kunde ej bära en sådan förnedring, han rasade mot sin skapare och ropade till honom: har du inte sagt, att jag är skapelsens krona? Ja, svarade Gud i sitt ord: vet du inte, att min kraft skall fulländas i svaghet? Vet du inte, att konungen kallar till sitt gästabud inte de rika och mäktiga, utan de fattiga och de ringa? Varför skulle konungen över världarna kalla till sig de omätligt stora och sköna solarnas invånare? Varför skulle inte han, för vilken intet är stort och intet litet, hellre utkora de ringa stoftgranden på en liten, fattig och förgäten ö i det stora världshavet? Människorna förstod det inte, de ville inte ödmjuka sig, för att engång kunna döma änglarna. Därför sändes dem kraftig villfarelse, och Guds ord förmörkades. Vrånga tolkare insatte sitt ord i det gudomliga ordets ställe och dömdes att gå fridlösa på jorden, intill dess att täckelset är borttaget och villan avslöjad. Den, som vill tolka skriften, måste avsäga sig all egen vilja. Hans förstånd och hans lärdom är en kastskovel,[1] men han får inte hålla dess handfäste. Hans ljus får inte vara hans ljus och hans kraft inte hans kraft. Han måste vara den evige anden underdånig, emedan hans egen bundna ande svävar i mörker. Mörker och vanmakt är hans lott, om han uppreser sig mot sin krafts källa... Vad har ni att säga mig?

– Ni nämnde en handskrift, som för längesedan skulle ha bortförts från München till de nordliga länderna.

– Ja, ja. – Och Müller uppreste sig livligt. – Vad vet ni därom?

– Tillåter ni mig fråga vad denna handskrift innehöll?

– Den äldsta urkund, som ännu finns kvar av de tre synoptikerna, Matteus, Marcus, Lukas. En syrisk översättning från slutet av tredje se-

1 Redskap för att rensa tröskad säd. Nämns i Matteusevangeliet 3:12. – *Red.anm.*

klet. Döm om dess värde, när vi inte med säkerhet känner någon äldre handskrift än från medlet av femte seklet. Jag har granskat åttioåtta hela avskrifter och fragmenter legio. *Codex argenteus* sägs vara från fjärde seklet och går ej längre tillbaka än till slutet av det femte. *Codex alexandrinus* är knappt trettio år äldre. Förstår ni vad det innebär, att kunna rätta alla skrivfel, alla avsiktliga eller oavsiktliga förfalskningar av texten med en halvtannat århundrade äldre översättning? Denna handskrift kan inte betalas med ett konungarike...

Mot min vilja måste jag le, när jag ihågkom hur nuvarande ägarna värderat en sådan dyrbarhet till tolv skillingar. Müller märkte mitt löje och betraktade mig med förakt.

– Och ni vill bli en exeget! fortfor han. Lägg åttio år av ert usla, onyttiga liv, lägg all ert lands exegetiska lärdom, lägg två århundradens rastlösa forskningar i den ena vågskålen, och dessa blad i den andra skola hundrafalt uppväga dem alla! Vad hade inte Filip Melanchton, vad hade inte sextonde och sjuttonde seklernas lärda givit för dessa blad! Och jag olycklige, som med dignande knän har sökt dessa blad genom två århundraden, från arkiv till arkiv, från dammvrå till dammvrå – jag, vilken sökt dem såsom min enda förhoppning om ro, för att äntligen genom dem kunna slita min vetenskapliga ära i stycken och bevisa mig vara den samvetslösaste av alla skriftens förfalskare – vad skulle inte *jag* ge för dessa blad!

Under övermåttet av sin rörelse nedsjönk han åter utmattad på bädden, hans ögon förlorade sin underbara glans och tycktes nära att brista. Skrämd och förvirrad, ägde jag likväl nog besinning att inte genast räcka honom det oskattbara fynd jag bar dolt vid min barm. Jag insåg, att en sådan överraskning skulle döda honom – om denne man kunde dö.

– Herr Müller – sade jag varsamt och så lugnt jag förmådde – ni gör rätt i att inte förlora hoppet om denna dyra urkunds återfinnande. Det finns anledning att tro på dess tillvaro någonstans i Finland.

– Var? utropade han, och plötsligt begynte hans ögon åter glimma.

– Jag har med bestämdhet hört sägas, att den skall ha funnits här, i akademins bibliotek, för fyrtio år sedan.

– Sagor! Jag vet vad där funnits och vad där finns. Jag har förlorat allt hopp om Åbo. Finland har intet, Sverige intet, Norge intet, Danmark intet, Europa intet. Jag vill genomsöka Amerika. Utvandrarna härifrån kan ha medfört handskriften.

– Man har sagt mig, att den varit utlånad... att den blivit glömd...

– Glömd? Otänkbart!

– ... Att den förirrat sig till en för er okänd landsort... att den förskingrats med värdelösa papper... varit ett föremål för den yttersta vanvård... och *återfunnits*...

Müller sprang upp. Hans bleka kinder betäcktes av rodnad, han var åter den kraftfulle man, som jag sett vid mitt första besök; endast handen darrade, när han grep mig i armen.

– *Var?* frågade han åter med ett misstroget tvivel.

– I Birkkala socken, Haavisto gård.

Han studsade ett ögonblick, grep därpå sin trekantiga hatt och ville skynda ut. Jag hejdade honom.

– Lovar ni att höra mig med lugn, så torde en resa bli överflödig.

– Vad är det? Jag är fullkomligt lugn.

Hela hans utseende motsade denna försäkran. Jag tvekade om jag ej borde uppskjuta det avgörande ordet till i morgon. Müller förekom mig. Han hade märkt, att jag höll något dolt vid barmen. Plötsligt grep han mig med jättestyrka i axeln, och strax därpå höll han pergamentrullen högt upplyftad över sitt huvud.

Aldrig skall jag glömma hans blick. Den lyste inte mer av en svärmisk glans, den var brinnande eld.

– Äntligen! utropade han, såsom hade han utandats ett helt livs längtan i detta enda ord.

Därpå vacklade han några ögonblick och nedsjönk utan medvetande på stolen vid skrivbordet.

Min fruktan hade varit blott alltför grundad. Jag skyndade ut, väckte min värdinna och bad henne ta vård om den olycklige, medan jag sprang till närmaste läkare, doktor von Haartman. Den snöiga, tomma Slottsgatan föreföll mig olidligt lång. Nära en timme hade förgått, innan jag återvände med läkaren. Han kom för sent. Müller hade upphört att andas och låg utsträckt på bädden med pergamentrullen hårt tryckt mot sitt hjärta. Han hade inte ens fått tid att öppna den...

Denne evige student kunde således verkligen dö. Hans evighet betydde inte mer än all annan så kallad evighet på detta rullande klot. Läkaren förklarade, att döden varit hastig och smärtlös, till följd av en kongestion åt hjärnan. Ögonen var nu slutna – kanske för första gången sedan hans barndom – och den brinnande blicken slocknad bakom ett förhänge. Han hade funnit den ro han så länge sökt.

Müller blev, som medellös, begraven på akademins bekostnad. Närmaste månads hyra fanns avlagd på hans bord, men för övrigt utgjordes hans kvarlåtenskap blott av värdelösa kläder och till en del sällsynta böcker, vilka senare, när ingen arvinge anmälde sig, blev försålda och inropade för biblioteket. Den ringa köpesumman anslogs till en understödsfond för medellösa studenter. Staven med ugglehuvudet blev min egendom.

Müllers efterlämnade papper innehöll en mängd exegetiska forskningar, som vittnade om hans ovanliga lärdom, men ingenting som gav någon upplysning om hans födelseort, hans familjeförhållanden eller hans föregående liv. De akademiska myndigheterna gjorde sig mycket besvär med annonser i tyska tidningar, för att utröna den besynnerliga mannens härkomst. Förgäves. Namnet Müller var så allmänt, att endast i det lilla Göttingen, där han verkligen någon tid varit inskriven som student, mer än trettio familjer bar detta namn, och ingen av dem kände en Peregrinus. Lika förgäves sökte jag vid en senare resa i Tyskland upptäcka något spår av en man, som dock borde ha varit bekant för sin lärdom och sin fixa idé.

Den enda tråd, som möjligen kunde ge en ledning till gissningar, om inte till annat, var av en så sällsam och tvivelaktig beskaffenhet, att jag ansåg mig böra rådfråga min far därom. Jag fann nämligen i Frankfurt am Main ett för mig dittills okänt, ehuru inte särdeles sällsynt verk med följande långsläpiga titel, för vilken jag måste be om ursäkt: *Collationes græci contextus omnium librorum Novi Testamenti juxta editionem Antverpiensem regiam cum XXII codicibus antiquis mscr. ex bibliotheca Barberina*; den grekiska texten till alla böcker av Nya testamentet, enligt kungliga upplagan från Antwerpen, jämförd med tjugotvå forntida handskrifter från Barberinska biblioteket. Utgiven av Pehr Possin 1673 och innehållande läsarter, samlade av den lärde italienaren *Johannes Mattheus Caryophilus* år 1625, om vilka läsarters äkthet en långvarig och hetsig tvist uppstått bland bibeltolkarna, vilken tvist slutligen avgjorts till Caryophili förmån.

När jag härmed sammanlade vad Müller vid första besöket berättat mig om *sina* hundratolv Barberinska läsarter, vilka han påstod sig ha förfalskat, jämte hans uppgivna ålder av tvåhundrafyrtio år, måste jag komma till den slutsats, att därest inte Müller själv var denne Caryophilus, som dömts att fridlös vandra genom seklerna, till dess hans svek blivit upptäckt, så *trodde* han sig åtminstone vara det. Min far var av samma tanke. Han ansåg det alldeles inte otroligt och anförde flera exempel därpå, att en lärd man, av excentriskt lynne och fördjupad i sina forskningar, slutligen så införlivar sig med dessa, att han liksom i sig själv förkroppsligar den längesedan avlidne föregångare, som han studerat och vars verk blivit honom så förtrogna som vore de hans egna. Müller måste ha blivit ett rov för denna inte ovanliga fixa idé; men det ovanliga och storartade hos denne man var att han, som ansåg sig vara Caryophilus, gripits av skriftens stränga dom över bibelordets förfalskare ända därhän, att hela hans senare livsuppgift blivit förnekandet av det vetenskapliga rykte han trodde vara sitt eget, framställandet av sig själv för världen såsom en usel bedragare. Detta mål trodde han sig uppnå med tillhjälp av en urgammal handskrift, som intygade hans svek, och när han funnit denna, hade han ingen rättighet mer att leva. Det är sant, att han själv bort utpeka handskriftens resultat; men sådant kunde ock andra göra. Han var överbevisad, han kunde dö.

Detta syntes mig numera alldeles klart, men min far tvekade. Hans vetenskapliga logik medgav att så måste vara, men traditionen från hans studenttid och Müller av 1787 var svåra att utrota. Vi hade ombytt roller; nu trodde han, och jag tvivlade. Det var en munter förväxling. Jag bemötte hans inkast med hans egna argument från första tiden, när Müller begynte spöka 1826; en son eller sonson till Müller av 1787; släktnamn, släktark, släktvanor, grubblare, som uppträtt i olika tidevarv. Min far syntes endast till hälften övertygad, och jag befarar att han ända till sin död i hemlighet trodde på tillvaron av en evig student.

För mig blev Müller, vem han ock var, ett minne som ej kan glömmas. Aldrig förr och aldrig sedan har jag mött på min väg en så överlägsen intelligens på forskningens fält, och just denna överlägsenhet skulle så djupt förödmjukas! Än mer. Vad synes mera berättigat för mänsklig ärelystnad, ja för den blygsammaste, den ödmjukaste bland dödlige, än den önskan att kunna kvarlämna ett aktat minne efter döden? Och denne man satte sitt livs mål i att sönderslita sitt rykte för eftervärlden; han, forskaren, betraktade det som en vällust att skymfas och förbannas i den vetenskap, där han engång räknats ibland de yppersta. Var har människoanden, djupare förkrossad, mera självförsakande, kastat sig i stoftet inför den Allsmäktiges tron?

Var? I den troendes bön. Högmod kan ligga förborgat i den djupaste självförnedring; martyrens verkhelighet[1] kan gå kall förbi Kristi kors.

Jag har blott några ord att tillägga om den märkvärdiga handskriften. Först efter Müllers död föll det mig in, att jag hade alldeles intet bevis för att just den var det dyrbara syriska fornminnet, ja, inte engång bevis för att den var samma urkund, som min far engång hade sett hos Lars Lefrén. Müller hade inte öppnat rullen, jag kunde inte ens igenkänna språket. Och i denna stund vet jag intet därom. Jag hade funnit ett gammalt och oläsligt pergament, men vad det innehöll var och förblev en gåta.

Jag återlämnade pergamentrullen till biblioteket, i hopp att där få

1 Tendensen att tillmäta yttre, goda gärningar den avgörande betydelsen, istället för tanken och avsikten bakom. – *Red.anm.*

något ljus i saken. Fåfäng förhoppning: ej heller där kunde någon läsa den.

Vid en ung students antydningar om urkundens oskattbara värde fästes ingen synnerlig vikt. Man skulle dock låta den granskas av akademins utmärkte orientalist, adjunkten Wallenius och senare, om det befanns nödigt, sända den till någon kompetent auktoritet i Tyskland. Förmodligen har inte heller Wallenius kunnat läsa de gamla kråkfötterna, vilket tycktes ganska förlåtligt för den som sett dem. Och innan någon hunnit dechiffrera dessa forntidens gåtor, inträffade den fruktansvärda olyckan den 4 September 1827 – Åbo brand.

Uppfylld av oro för den dyrbara urkunden, inreste min far samma höst till akademins ruiner. Blott en ringa del av bibliotekets skatter hade räddats ur lågorna, vilkas spår dessa kvarlevor ännu bär på sina halvförkolnade blad. Den gamla handskriften – vad den nu sedan var, Müllers syriska evangelier eller någonting annat – hade med så mycket, som aldrig kan ersättas, blivit elementens rov.

Min far överlevde inte länge denna obotliga förlust för hans älsklingsvetenskap. Om Müller inte denna gång varit en krigskomet, om man ej ens gjorde honom ansvarig för Åbo brand, så hade han, i min fars tanke, förebådat en vida kännbarare olycka. Krigens sår kan läkas, förstörda städer kan återuppbyggas, men en urkund, ryckt ur forskarens hand och för alltid tillintetgjord, kan inte återköpas med blod.

I min levnadsbana efterlämnade Müller ett varaktigt spår. Jag kände från denna tid en fruktan, som jag ej kunde övervinna, för att förbättra bibelordet, och kastade mig beslutsamt in på min barndomskärlek, romarespråket. Varför skulle jag utsätta mig för risken att, också jag, få vandra sökande genom seklerna? Student vill jag förbli så länge jag lever, men en evig student – nej jag tackar, den äran är mig för stor.

Per Gustaf Berg

Skendöda och levande begravna

Per Gustaf Berg (1805-89) var en framstående bokutgivare som gärna själv skrev de böcker han utgav, ett förhållande som var helt normalt fram till och med 1800-talet, då det ofta också förväntades att författarna själva skulle bekosta tryck- och distributionskostnaderna, eller inte få betalt överhuvudtaget. Detta kom sedan att betraktas som oprofessionellt i takt med att utgivningsrollerna specialiserades och bokbranschen blev alltmer kommersialiserad. Idag har detta åter börjat luckras upp i och med den spirande egenutgivningen i moderna tryckmetoders fotspår, och initiativ likt Piratförlaget där en konglomerat av bästsäljande författare gått samman för att på egen hand utge sina verk och på så sätt maximera de personliga inkomsterna.

Det följande är ett kapitel ur Per Gustaf Bergs mycket populära bok *Svensk mystik* (1871), som bär den synnerligen beskrivande undertiteln "Anekdoter och historier om Alkemister, Astrologer och Mystici, Syner, Uppenbarelser, Trolldom, Spökhistorier, Spådomar, Drömmar, Vidskepliga seder och bruk, Nemesis Divina samt andra underbara tilldragelser".

Kapitlet *Skendöda och levande begravna* ger en skarp belysning av dåtidens rädsla att drabbas av det mystiska tillståndet "skendödhet" och begravas levande, vilket antogs vara relativt vanligt. En nutida läsare ser snarare fall av djup koma, tillfälligt hjärtstillestånd och rena skrönor i dessa fallbeskrivningar. Att den skendöde ofta antogs vara fullt medveten om vad som skedde omkring honom eller henne, fastän omöjligt kunde röra sig, kan mycket väl ha haft sin upprinnelse i skildringar av det som numera kallas "locked in syndrome", ett speciellt komatillstånd.

Den avslutande berättelsen som Berg återger var egentligen en anonymt publicerad novell från ärevördiga *Blackwood's Magazine*, som under första halvan av 1800-talet spreds i världspressen som en påstått sann händelse. Den refereras av Edgar Allan Poe i hans egen klassiska novell på temat, *Premature Burial* (1844). Se t.ex. Jeffrey Meyers biografi *Edgar Allan Poe: His Life and Legacy* (1992).

* * *

Döden är hemsk redan genom det stela, orörliga lugn, vari den plötsligt försätter denna nyss kraftfulla, rörliga och tänkande varelse, denna vår närmaste, vår vän eller bror; men ännu hemskare förefaller den vid tanken på, att detta dödens lugn ofta är falskt, att det plägar inträda redan innan livet flytt. Tanken är så förskräcklig, att man vanligtvis söker slå bort den, och kanske lika mycket av fruktan för ämnet, som av oförlåtlig liknöjdhet, har man inbillat sig och andra, att skendöd är lika sällsynt som den är fasaväckande. Sanningen är dock, att fall av skendöd, långt ifrån att vara sällsynta, säkerligen uppgår till några tiotal om året endast inom vårt land. Det är väl just inte så vanligt att höra t.ex. omtalas, att, vid öppnandet av en viss grav, likets läge häntytt på den dödes återvaknande till livs inuti själva kistan, att kroppen vänt sig om o.s.v., men detta bevisar inte sällsyntheten av sådana fall; ty, först och främst: vem ser ej helst att en kär avliden får ligga orörd i sin djupa bädd, och sedan: om en tillfällighet blottar vad jorden en gång mottagit, hur många är väl i stånd att av några halvruttnade kvarlevor döma, huruvida något liv verkligen funnits däri sedan de gravlades?

I vissa länder, exempelvis Österrike, har man fäst uppmärksamheten vid detta förhållande samt inrättat särskilda bårhus, där liken en viss tid inställs och genom ett om handleden fästat snöre sätts i förbindelse med en ringklocka. *Man har uppgjort en formlig statistik över de fall av skendöd som sålunda blivit uppdagade.*

I vårt land går man visserligen tillväga med tämlig försiktighet, genom att dröja åtminstone några dagar med begravningen eller till dess tecken till förruttnelse börjat inträda, men i främmande länder, såsom Ryssland, där bruket stadgar, att liken skall jordas 2 à 3 dagar efter dödsfallet, har man antagit att många människor årligen begravs levande.

De exempel på skendöd, som vi här uppräknar, utgör endast ett fåtal av dem som i andra källor finns upptagna. Hur stor del utgör de av de verkliga?

Åke Axelsson Natt och Dag, född år 1594, steg ända till riksmarskalk och upphöjdes kort före sin död, 1655, i friherrligt stånd. Såsom endast fyra års barn, skall han, på Hofva gästgivaregård, ha blivit kvävd av någon för häftigt nedsvald köttbit, som fastnat i hans hals; men som han bibehöll kroppsvärmen, hastade man ej att begrava honom; efter åtta dagar uppvaknade han i likkistan och levde sedan i 57 år.

Fröken Bergenhjelm (förnamnet okänt), dotter till borgmästaren i Uppsala Nils Svensson, som dog 1669. Hennes bröder var hovkanslern Johan Bergenhjelm och kanslirådet Göran Bergenhjelm, vilka blev adlade. Systern finns dock ej upptagen i Adelsmatrikeln, varför hon egentligen måste ha hetat Svensson, efter fadern, men låtit kalla sig Bergenhjelm. Hon blev i sitt tolfte år farligt sjuk och ansågs för död. På begravningsdagen, då locket skulle läggas på kistan, trodde sig arkiater[1] Rudbeck, som var en bland begravningsgästerna, hos liket förmärka något tecken till liv och började anställa några försök till den dödas vederfående. Detta ansågs med misshag av de övriga närvarande; synnerligast föreställde teologie professor Schütze sin kollega det olämpliga uti, att med onödiga upptåg oroa en död kropp. – Men Rudbeck syntes vara tämligen säker på sin sak; han fortsatte sina experiment, och det med den framgång, att den skendöda uppvaknade och återskänktes åt sina sörjande föräldrar. – Hon blev från den dagen frisk och rask, blev sedermera gift och uppnådde en ålder av över 90 år.

Löjtnanten Israel Olofsson Färling, på Nible i Tillberga socken av Västmanlands län, var i livstiden en svår, snarstucken och sträng man, som oaktat sin höga ålder levde i stor oenighet med sin hustru, i anseende till hennes fallenhet för starka drycker. Åtta dagar efter Mikaeli dag, år 1664, befallde Färling, som då var mycket sjuk, att två drängar skulle fara till Falun för att sälja säd. Då de på nionde dygnet därefter kom hem, fann de Färling död och liggande uti en s.k. "bänklår" i en stor oeldad sal. Kort därefter lades kroppen i likkistan och sveptes, och skulle begravningen äga rum första söndagen i adventet. Lördagen förut, under det ringare och dödgrävare satt och trakterade sig i sterbhuset, gick en torparhustru in i liksalen med ett fång ved, då hon fann Färling sittande uppe i kistan, yttrande till henne: "Hustru Kerstin, ge mig mina byxor och tofflor", varvid hustrun dånade. En dräng, som från det mitt emot salen belägna stallet såg henne falla omkull, skyndade in, varvid Färling även till honom sade: "Ge mig, Olle, mina byxor och tofflor." Drängen framlämnade bävande ett par svarta sammetsbyxor; men i detsamma lyfte Färling benen ur likkistan, varvid det befanns att mycket blod och svett runnit av honom. På Färlings tillfrågan, vad det var han låg uti, svarade drängen, att han legat lik; men Färling betvivlade detta, och undrade om det verkligen vore sant. Han var i början mycket svag; men sedan han någorlunda hämtat sig, skickade han återbud till begravningsgästerna. Färling ändrade sedan sitt levnadssätt, varnade folket och förmanade dem till bot och bättring, och dog slutligen den 2 februari 1666.

Uti arkiater Johan v. Hoorns *Svenska Jordegumma*, tryckt år 1697, omtalas, att några år där förut fanns uti Stockholm i en förnäm mans hus en

1 Äldre benämning på överläkare och kunglig livmedicus. – *Red.anm.*

person, som blev dödligt sjuk och, såsom man trodde, snart därpå avled, varvid man lade liket på ett bord; men då liket tredje dagen därefter, fastän det var under heta sommaren, ej började lukta av förruttnelse, tvivlade man, att personen var död, och lät honom därför orörd kvarligga, varest han, åtta dagar efter den förmenta dödsdagen, åter öppnade ögonen och kom sig före igen; men var så förändrad och avfallen, att ingen under två års tid kunde känna igen honom.

Då biskop Samuel Wirenius i Växjö en dag i februari 1703 satt till bords i sitt hem, erhöll han ett brev från konung Karl XII och med samma post den underrättelsen, att hans son, Johan Cederstjerna, kort förut stupat vid Thorn. Denna sorgepost grep honom så djupt, att han kort därefter avled. Biskopen begrovs mycket hastigt i Växjö domkyrka, utan att man känner orsaken därtill; men påföljande dagen, som var en söndag, sägs klockaren efter aftonsångens slut ha hört nedifrån biskopens grav ett ömkligt läte, såsom av någon gråtande eller kvidande. Detta berättade han för några andra; men ingen ville lyssna därtill. Om måndagen har man dock äntligen låtit övertala sig att öppna graven, då till allas bestörtning det befanns, att den begravne brutit sig ur kistan, samt låg utanför på golvet av den murade graven. Enligt en annan uppgift låg liket väl kvar i kistan, men omvänt och blodigt, samt med fingrarna på ena handen illa sargade.

Follin i *Nerikes Herdaminne* nämner, att den lärde polyhistorn biskop Johan Bilberg också blivit levande begraven, och således måst dö två gånger, liksom biskop Wirenius.

Den namnkunnige läkaren Nils Rosén v. Rosenstein blev vid 4 års ålder angripen av pesten och lades såsom död på ett bord, men kom sig till allas förvåning. Då han sedan fick se det ställe, där pestens offer blivit begravna, väckte detta hos honom en smärtsam tanke därpå, hur många av dem som kunnat räddas, om skicklig hjälp mellankommit. Denna föreställning lär inte litet bidragit till hans beslut att utbyta den teologiska banan, vartill hans föräldrar bestämt honom, mot den medicinska.

En lackerare i Stockholm vid namn Wilhelm v. Droys, som ofta plågades av kolik, fick en morgon i april 1728 ett så starkt anfall, att han av alla, utom av den frånvarande hustrun, ansågs såsom död. Då hustrun på aftonen hemkom och underrättades om vad som tilldragit sig, svarade hon: "Jag kan väl tänka, att det lär vara den vanliga döden." Hon begav sig därefter till den förmenta döde, som låg alldeles stel i sängen, ställde sig över honom på knä och började att med båda händerna knåda hans mage, liksom hon velat knåda deg, och fortfor därmed en hel timma.

Detta hade den verkan, att det förmenta liket "släppte väder", började småningom öppna ögonen och kom sig åter före. Han levde därefter till sommaren 1732, då han verkligen dog, vilket man slutade därav, att "han då luktade rätt illa".

Vad olägenhet modersjukan förorsakar kvinnorna, är en känd sak. Exempel på dem, som under sådant tillstånd ansetts såsom döda, saknas ej heller. En förmögen handlande i Stockholm räddade sin egen hustru vid ett sådant tillfälle. I september 1736 fick hustrun en så stark modersjuka, att alla ansåg henne för död. Mannen, som var hemma och inkom från ett annat rum, fann alla gråtande och sörjande och blev av förskräckelse medvetslös för en stund. Sedan han hämtat sig, påstod han att hustrun ej kunde vara död, och försökte uppväcka henne medelst stinkspiritus och slagvatten; men då detta ej hjälpte, påminde han sig, att bävergäll och tobak, inblåst i munnen, torde göra bättre gagn. Till all lycka låg den döda ännu kvar i sängen. Han blandade bävergäll och tobak i en pipa, påtände den och stack skaftet i hustruns mun, samt blåste sedan ifrån piphuvudet röken in i hustruns mun, så att den gick ut ur näsborrarna, varvid hon började harkla. Härefter uppkastade hon en mängd slem, började sedan öppna först det ena och sedan det andra ögat, och sade slutligen: "O hur illa I gjorden mot mig, som ej låten mig dö en så stilla död." Hon blev sedan frisk och födde därefter ännu tre barn.

Nathanael Thenstedt, prost i Tuna, föddes år 1731 och dog vid den ansenliga åldern av 93 år. Han var emellertid i sina spädare år utsatt för livsfaror, som han endast genom särdeles lyckliga tillfälligheter undgick. En gång var han nära att bli ihjältrampad, men slapp undan med en krossad hand. Kort därefter nedsvalde han en blykula, som nästan hade förkvävt honom, om inte snar hjälp emellankommit. Sjuknade sedan i en svår fläckfeber, och ansågs flera timmar för död, så att anstalter gjordes till hans svepning och begravning, då en läkare lyckades återställa honom till livet. Dessutom var han vid tre särskilda tillfällen i fara att drunkna.

Prosten i Tierp, C.J. Lohman, har år 1750 uppsatt en berättelse om en drunknad person, som blivit begraven, men vid detta tillfälle ännu torde kunnat återkallas till liv. Denna berättelse lyder:

"Jag undertecknad påminner mig, liksom det nyligen vore skett, att, då jag skulle en söndag gå i Aftonsången i S:t Mariæ Magdalenæ kyrka i Stockholm, varest jag både är född och då för tiden gick i skolan, först i juli månad, antingen 1706 eller 1707, och efter den tid allmänt, på Malmarna vidtagit bruk, en dagen förut vid Skeppsbron drunknad båtsmans lekamen, strax efter sammanringningen och innan Aftonsången i kyrkan begyntes, på södra sidan om kyrkan blivit jordfäst, genast därefter med något rassel bottnen av kistan utsparkad, med alla omkringståendes och även Prästens, såväl som min, häpenhet, och som en otalig myckenhet folk kring graven sammanträngdes, såg jag fuller kistan öppnas och sveplakanet helt blodigt; hörde ock, att överallt sades, av dem, som varit graven närmare, att den döde under jordfästningen sprutat ut hjärtblodet, som ännu vid lockets öppnande varit varmt och rökt."

Doktor Samuel Nauclér berättar till Vetenskapsakademiens handlingar för år 1756, pag. 117: "Under min vistelse i Skärgården hände följande, som jag anser förtjäna uppmärksamhet. En man av 60 års ålder hade den 23 sistlidna mars blivit av stormen kastad på en klippa. Han hade supit mycket och föll omedelbart därefter i sömn, så att han ej förrän följande dagen blev påträffad. Han fördes då såsom lik till en stuga, där jag noga undersökte honom för att utröna huruvida något tecken till liv fanns kvar hos honom. Fötterna var förfrusna, tårna svartnade, med undantag av stortån på högra foten. Armar, ben, mage, bröst och ansikte – allt var iskallt. Käkarna var alldeles fast sammanslutna, lederna stela, ögonen stillastående och ögonlocken rörde sig inte då de vidrördes; ingen andedräkt kunde förmärkas, ingen puls, ingen rörelse i hjärtat, men i maggropen kändes ännu någon värme, vilket gav mig anledning att försöka återkalla blodomloppet, varför jag lät starkt gnida hans armar, ben och lår med ylle. På magen och bröstet lade jag servetter, som småningom uppvärmdes, men i tilltagande, så att slutligen varmare ditlades. Emedan jag befarade att värmen i rummet skulle verka skadligt på patienten, lät jag upptaga honom ur sängen, dit han blivit lagd, och lägga honom, något underbäddad, på golvet. Om fötterna bekymrade jag mig inte, emedan jag antog att han i alla händelser skulle förlora dem, om han också kunde bringas till liv. Men jag stod på en avlägsen ort, utan tillgång till läkemedel! Det torde likväl varit så, att, om jag haft sådana till hands, de inte gjort samma lyckliga verkan som de enkla medel, jag hade att använda. Jag erinrade mig att husmödrar, när de har frusen frukt eller ägg, lägger dem i vatten, som långsamt upplenar frosten, utan att någon rutten smak därvid uppkommer, såsom eljest händer. Fördenskull borde jag försöka detsamma vid detta tillfälle. Men svårigheten låg i dess användande, då mannen var så stelfrusen, att han inte kunde på något sätt böjas, och fötterna kunde följaktligen inte bringas ned i något vattenkärl. Jag lät därför indränka handdukar i kallt vatten och lägga omkring fötterna. Efter någon stund började mage och bröst bli varmare, men andedräkt kunde inte förmärkas förrän efter fyra timmars arbete, och vid pass kl. 2 på eftermiddagen. Pulsen förmärktes inte, ej heller var det möjligt att öppna käkarna. Omkring kl. 4 började jag märka pulsen, och kl. halv 5 kunde jag med en silversked bringa käkarna åtskiljs, ivrig att utröna huruvida patienten kunde svälja. Jag värmde en liten portion vin, och emedan det fanns droppar (den tiden), så kallade 'Gratia probatum', i huset, dröp jag 20 sådana i vinet och gav honom. När han fått det i munnen, bölade han som en tjur, och de kringstående yttrade att han uppgav andan. Men tvärtom; han svalde snart vinet och dropparna. Därefter andades han något och fick någon svag rodnad på kinderna. Kl. 5 började han blinka när någon kom åt ögonen på honom, och kl. 6 började han röra ena armen något litet. Nu fick han läggas litet närmare till eldstaden, varjämte varma kläder lades på hans armar och ben. Han fick nu en matsked varmt vin. Kl. 8 började han tala, fastän i början otydligt. När han kunde tydligare tala, fann vi att han yrade, trodde sig ha varit i en skog, där han '*fått ond fäng*', såsom folkuttrycket var. När jag nu undersökte fötterna, hade frosten alldeles försvunnit, ehuruväl de, liksom benen, ännu var mycket kalla. Kl. 10 på aftonen var han i stånd att något röra på benen, men klagade över smärtor i dem, liksom i fötterna. Jag lät åter lägga kalla dukar på dessa partier. Nu åt han en liten portion äggkaka, och sov tämligen bra under natten. Följande morgon var fötterna varma, och värkte inte mera. Tårna hade återtagit den naturliga färgen, men var, liksom fötterna, mycket ömma. Pulsen var nu stark, och han klagade över törst. Mina medicinalier var lämnade i Visby, till följd av skepparens hastiga avresa; jag kunde således inte försöka en åderlåtning eller ge den sjuke något annat än vad jag förut givit honom. Jag lät tillreda något tunn vetemjölsvälling, varav han förtärde mycket. Kl. 9 var pulsen mera lugn. Mannen kunde ledigt röra sig och fick andas stilla och lugnt, åt något och fick därefter sova.

På aftonen lät han leda sig till en båt; han kunde nämligen inte gå ensam. Mycket belåten begav han sig nu på sin hemfärd, och tackade mig, som Försynen tillåtit bli ett verktyg för hans räddning från timligt – och måtte det också bli från evigt – fördärv."

I Alsens socken i Jämtland går den sägen, att en klockare, som bott där i nejden, hade blivit rik genom likplundring. Slutligen röjdes han genom en hustru i Berge, som blivit kvävd genom ett ben i halsen och såsom död jordades. Då tjuven, i avsikt att beröva liket en vigselring, som hon bar på fingret, stödde knäet emot kvinnans bröst och ryckte till, hade benet lossnat och den skendöda kommit till livs, varpå tjuven angavs och fick sitt straff.

"Den 1 januari 1865", heter det i en uppsats som fanns avtryckt i alla svenska tidningar för februari samma år, "hade en bonde avlidit i Maukjärvi i Finland. Samma afton hade liket blivit upprättat och svept och, efter bruket, utburet i en bod. Den dödes anhöriga hade gått till vila; men tidigt påföljande morgon väcktes de av en häftig knackning på dörren. När den öppnades, steg den gamle mannen in, klädd i svepningslakanet, och begynte gråta och beklaga sig över att de lagt honom i ett oeldat rum. Lyckligtvis hade kölden om natten varit lindrig, eljest hade väl mannens död blivit verklig."

I svenska kyrkan i Petersburg tilldrog sig i juni månad 1869 följande besynnerliga händelse: En finsk sjöofficer hade nyss blivit änkling genom sin hustrus plötsliga frånfälle. Men som hennes kropp under tre dygns förlopp efter dödsfallet inte undergick någon förvandling, så hade han grundade anledningar att tro, det hon endast var skendöd. I denna förmodan låter han bära henne till svenska kyrkans gravkor. Ljus anskaffas, och placeras ett på vardera sidan om kistan, för att hålla likrummet upplyst under natten. Men inte nog härmed, han leger[1] även två utav kyrkobetjäningen för att mot betalning hålla vakt invid den döda, i händelse att hon skulle vakna upp. Nåväl, två nätter förflyter på detta sätt. Liket ligger lika stilla som förut, utan att i yttre måtto vilja undergå någon förvandling. Men tredje natten, kl. vid pass 2, får betjäningen i det mittför kyrkan liggande hovstallet se ett starkt flammande sken inuti kyrkan. Ropen "poschar u tserkvi" (elden är lös i kyrkan) väcker i hast upp invånarna i de nästgränsande husen samt sätter skaror av folk i rörelse. Alla skyndar till, alla vill se och erfara, hur elden kunnat komma lös i ett tempel, där faran för någonting dylikt allra minst borde kunna komma i fråga. Man bultar på kyrkportarna, man skriker och ropar, troende att någon av de två kyrktjänarna skulle komma och öppna. Men allting är tyst. Endast det flammande skenet syns vara i tilltagande. Omsider, då man lyckats få tjänarna vakna och inkommer i kyrkan, så står kistan med liket uti ljusan låga. Att släcka detta var ett ögonblicks verk, så någon fara för eldens vidare spridning kom här alldeles inte i fråga. Men hur eller på vad sätt det fattat eld i likkistan, detta är och förblir en hemlighet. De båda väktarna i likrummet hade inslumrat i en djup sömn, så att utav dem stod inga upplysningar i detta hänseende att vinna. Och efter vad det påstås, så stod vardera utav de båda ljusen på minst en alns avstånd ifrån liket, så att någon självantändning här ej heller gärna kunnat vara för handen. Det enda rimliga antagandet är, att den döda gjort någon konvulsivisk rörelse med händerna mot ljusen, så att det fattat eld i svepningen, vilket på sådant sätt vållat antändningen.

1 Ung. hyrde. – *Red.anm.*

Vi meddelar här en skildring av det skendöda tillståndet, vilken, om den inte synes oss fullt trovärdig, likväl lämnar ett livligt intryck av de föreställningar, som den skendöde måste erfara under sin letargiska dvala, därunder han, förskräckligt att tänka, är oförmögen att med det ringaste ljud eller med den obetydligaste rörelse röja något livstecken, men likväl bibehåller medvetandet kvar.

"Jag hade någon tid legat i nervfeber. Mina krafter avtog med varje dag; men ju svagare min kropp blev, desto högre grad av livlighet erhöll mina känslor. Jag läste i doktorns ögon, att han gav allt hopp om mig förlorat; mina vänners suckar och bedrövade utseende lämnade mig fullt bevis, att det var förbi med mig.

Det var mot aftonen crisis inträffade. Jag intogs av en besynnerlig oförklarlig köld eller rysning. – Ett hastigt susande för öronen började. Jag såg förunderliga gestalter vid min säng; de var lysande, fantastiska och kroppslösa; jag var vittne till ett skådespel, vilket jag såg endast genom en prisma; jag ville göra en rörelse, men förmådde inte. En förskräcklig förvirring intog mig under några ögonblick. Då den var över, återkom min fattning i full klarhet; men jag var berövad all slags rörelseförmåga. Jag hörde hur man grät vid min säng, och att sjukvakterskan sade: 'Han är död.' Jag kan ej uttrycka, vad jag kände vid dessa ord. Jag använde hela kraften av min vilja för att röra mig; men jag förmådde inte en gång röra ögonlocken. Efter en liten stund kom min bror och med darrande, nästan konvulsiviskt rörd hand strök mig över ansiktet och tillslöt mina ögon. Världen låg nu i mörker för mig; men jag kunde ännu höra, känna och lida.

Sedan mina ögon blivit tillslutna, hörde jag någon av de närvarande säga, att min bror gått bort ur rummet, och snart förnam jag, att man lagade sig till att klä mig som lik. Känslolösheten hos de kvinnor, som hade denna befattning, var för mig ännu förskräckligare, än mina vänners bedrövelse. De skrattade sinsemellan, under det de vände mig än på den ena, än på den andra sidan, och hanterade under lättsinnigt prat min kropp, den de ej ansåg för annat än ett kadaver.

Sedan de klätt av mig, gick dessa usla varelser sin väg, och nu började den skändliga formaliteten med en tillgjord sorg. Under två dagar kom mina vänner för att se mig. Jag hörde dem tala sakta om mig, och två av dem rörde mig med sina fingrar. Mot aftonen andra dagen tyckte någon att det började kännas liklukt.

Man lade mig i likkistan. Min bror lade mitt huvud på min, som man trodde, sista huvudkudde, och jag kände hans varma tårar falla på min panna.

Sedan alla de, som på något sätt deltagit i mitt öde, beskådat mig i likkistan, hörde jag dem gå sin väg. Två personer lade locket på kistan och började spika till det. Den ena måste gå ut, innan arbetet var slutat; den andra började vissla, under det han slog i spikarna, likväl upphörde han snart med visslingen under det han fulländade spikningen.

Man lämnade mig därefter ensam i rummet. Jag visste likväl, att jag inte var begraven; och ehuru orörlig samt omgiven av mörker, hade jag ännu något hopp; men det räckte ej länge. Begravningstimman var inne – jag kände, att man lyfte upp kistan och bar ut den; jag kände och hörde, att man satte den på likvagnen. Denna var omgiven av en mängd vänner och likgiltiga personer; några talade tämligen högt om mig samt till och med till mitt beröm. Likvagnen sattes i rörelse. Jag visste att den förde mig till graven. Den stannade, och kistan avlyftes. Av den ojämna rörelsen märkte jag, att jag var på bärarnas skuldror. Det blev en liten paus. Jag kände kistan sväva; den var vid brädden av graven. Man släppte efter listerna, och jag föll med en häftig stöt ned i djupet. Jag gjorde den förskräckligaste ansträngning, för att låta höra något ljud – förgäves; min kropp var orörlig.

Straxt därefter kastades tre skovlar jord på kistan. En stund därefter sattes spadar i rörelse, och jordklimpar började nedkastas under förskräckligt dån. Bullret avtog småningom, och av en för mig märkbar återtryckning, förstod jag, att dödgrävaren trampade med fötterna på graven och jämnade den med baksidan av spaden. Även dessa ljud upphörde – och omkring mig härskade nu en djup tystnad.

Jag kunde ej beräkna timmarna. 'Det är döden', tänkte jag, 'och jag är dömd att till yttersta domen förbli i jorden. Min kropp skall övergå till förruttnelse och maskarna kommer att göda sig under den högtid, man med så mycken iver och skyndsamhet berett dem.'

Under denna rysliga överläggning, trodde jag mig över mitt huvud i hast höra ett dovt buller, som tilltog och kom allt närmare. 'Kan det vara möjligt', tänkte jag, 'att mina vänner torde hända frukta, att man för hastigt begravt mig?' Detta hopp trängde som en hastig ljusstråle fram igenom dödens mörker.

Bullret upphör, likkistan öppnas bakom mig, man fattar mig om halsen och drar mig ur likkistan. Jag kände ånyo luftens intryck; men den var kall. Jag bars hastigt bort; – det förekom mig, som hade det varit till domen i andra världen.

Efter en stund släpptes jag av de händer, som burit mig, och föll ned, som en livlös kropp; – men inte på jorden. Några ögonblick därefter befann jag mig på en vagn, och av några uttryck förstod jag, att jag råkat i händerna på två sådana tjuvar, som lever av stöld ifrån gravarna och säljer sitt byte. En av dessa uslingar sjöng oanständiga visor, under det vagnen rullade utåt gatan.

När den stannade, lyftes jag av och bars in i ett rum, vilket jag gissade av temperaturens förändring. Sedan man klätt av mig, lades jag där på ett bord. Genom båda tjuvarnas samtal med en annan person, som fört in dem, erfor jag, att jag samma natt skulle dissekeras.

Ännu var mina ögon tillslutna; jag såg ingenting. Men snart hörde jag att herrar medicine studiosi var samlade. Några av dem gick fram till bordet och undersökte mig med uppmärksamhet. De var förtjusta över att man skaffat dem ett så förträffligt subjekt. Slutligen kom även läraren.

Innan dissektionen började, föreslog han att göra några galvaniska försök på mig, och apparaten sattes i verksamhet. Den första stöten kom alla mina nerver att bäva, som strängarna på en harpa. Studenterna beundrade denna konvulsiviska rörelse. Den andra stöten öppnade ögonen på mig, och den första jag såg var läkaren, som skött mig; men ännu var jag såsom död. Emellertid kunde jag snart ibland studenterna igenkänna flera ansikten, som var mig bekanta; några nämnde mig vid namn och beklagade att det ej var liket av en obekant person.

Nöjd med de galvaniska fenomenen, tog nu läkaren till kniven och satte spetsen av den i hjärtgropen. Jag kände ett förskräckligt söndersargande av huden; en konvulsivisk rysning blev följden därav, och ett rop av förskräckelse uppstod i salen. Dödens isskorpa hade brustit; min dödssömn var slutad. All möjlig omsorg användes till mitt vederfående, och efter en timmas förlopp återkom jag till mina sinnens bruk.”

Viktor Rydberg

Den flygande holländaren

Jönköpingsbon Viktor Rydberg (1828-95) växte upp i fattigdom och misär men slutade livet som en av Sveriges främsta författare och kulturpersonligheter, från 1877 invald i Svenska Akademien. Han var en kär vän av Edgar Allan Poes dikter och noveller, där han med varierad framgång tolkade *The Raven* och *The Bells* till svenska. Debutverket *Vampyren* (1848) visar att Rydberg också var bekant med skräckromantiken och vampyrgenrens banbrytare John Polidori; Rydbergs "vampyr" (egentligen en man som tror sig vara en sådan) heter Ruthven i likhet med Polidoris dito i *The Vampyre* (1819). Här finns också en mordisk apa med rakkniv liksom hos Poe i *The Murders in the Rue Morgue* (1841).

I övrigt är det tyvärr skralt med gotik och skräckromantik hos Rydberg. Det finns gott om gotiska och skräckromantiska *stämningar* och *anspelningar* i exempelvis *Singoalla*, som nu Yvonne Leffler klarlägger i sin doktorsavhandling *I skräckens lustgård* (1991), men detta var snarare regel än undantag i skönlitteratur vid denna tid hos romantiska eftersläntrare som Rydberg, och förekommer till och med i rikligt mått hos helt annorlunda 1800-talsförfattare som August Strindberg och Émile Zola. Dock, i *Den flygande holländaren* (1876) omdiktade Rydberg den välkända spöklegenden i titeln: en holländsk sjökapten sades ha blivit dömd att till tidernas ände segla likt en vålnad på haven utan att någonsin nå land, sedan han utmanat Guds allmakt och vilja efter upprepade misslyckanden att runda Godahoppsudden. Det är en legend som har mycket gemensamt med myten om Den vandrande juden, Ahasverus, som blivit dömd att till domedagen vandra världen runt utan rast och ro efter att ha nekat Jesus vila på vägen till Golgata, och som passande nog också gör ett gästspel i Rydbergs symboliska dikt. En jämförelse med Zacharias Topelius novell i denna antologi blir osökt.

* * *

Det finns ett skepp, som går och går
men aldrig går i kvav;
kaptenen många hundra år

har drivit kring på hav
och svurit med förtvivlans lust
på rorsman vid hans ratt,
som ej kan köra upp på kust
i någon stormig natt.

—

Men rorsman gör vad han förmår,
om än med föga hopp:
där bränningen som vildast slår,
dit styr han skeppet opp,
han krossa vill dess hårda barm
mot klippa, bank och skär,
men böljans harm, hans egen harm
och allt förgäves är.

—

Han söker hamn, varhelst han kan,
och strand vartän han kom;
men vill han göra redden an,
då svänger skeppet om,
en vindstöt spänner varje fåll
och buktar varje klut
och slungar skutan som en boll
på vida havet ut.

—

Så är hon dömd att gå och gå
förutan ro och rast.
Om natten ser man lågor blå
omfladdra hennes mast;
om dagen känns den skutan snart
på klyvarns egna form
och att hon rider upp med fart
emot den värsta storm.

—

Ja utan ro och utan rast,
i söder och i nord,
hon kryssar ständigt med en last
av levnadskval ombord.
Mång hundra år hon gått och gått
runt om magnetens nål;

hon har så brått, så brått, så brått,
fast hon har intet mål.

—

Där isberg stjälpa under brak
sin norrskenskrönta kam,
såg eskimån i sin kajak
det seglet stryka fram;
med skräck malajen seglet såg,
där under speglad skog
i lä av palmerna han låg
på lur med sin pirog.[1]

—

Och väktaren på Eddystone,
då över böljans ban
han skönjer skeppet långt ifrån,
så väntar han orkan;
och väktaren på Vinga fyr
han vet vem seglarn är,
som svävar fram, där brottsjön yr
bland månbelysta skär.

—

Då stormen slet på fästets valv
i trasor nattens sky,
och rymden tjöt och mörkret skalv
för blixt och hagelby,
och nödsignaler lossades
vid gälla jämmerskri,
och strandat fartyg krossades,
strök detta skepp förbi.

—

I fosforsken det blänkte fram,
kom med orkanens hast,
och mareld lyste kring dess stam
och lågor på dess mast,
det hov sig upp med ryslig fart
på tornhög böljas bryn –
vart jämmerrop förstummas snart
vid sådan undersyn.

1 Enkel kanot. – *Red.anm.*

—

På däcket ses kaptenen stå
med gastars brödraskap,
hans näsa skiner svavelblå
av druvorna från Kap,
det vita håret fladdrar vilt
om pannans plöjda grund,
men ögat, o det blickar milt,
och vänligt ler hans mund.

—

De drunknande han hälsar glatt
och nickar hjärtlig tröst,
och genom storm och genom natt
han höjer skrovlig röst:
”Döm, sjöman, ej ditt öde hårt!
Och räds ej bleka mö!
Ty, tro mig, leva det är svårt,
men gott det är att dö.”

—

Och som han kom han ilar bort
från dem, som gå i kvav.
Han spanas säkert inom kort
på annat fjärran hav.
Och intet skepp är kändare;
fast aldrig sedd i hamn,
”den flygande holländare” –
vem hörde ej hans namn?

* * *

Så irrar han. Dock vet man, att
av ödets nåd han får
till ankars gå en enda natt
på varje hundra år.
O, hulda natt, hur trösterik,
då han från stormig sjö
får styra in i Drömmens vik
på Fågel Fenix’ ö!

—

Fast ön ej än på något kort

med visshet prickats ut,
lär mången dock, som man har sport,
fått se den en minut:
ett barn i dröm på faderns knän
och skalden i sin sång
till hennes sälla ängder hän
få sväva någon gång.

—

En moder vid sin gosses grav,
med kransen i sin hand,
bärs av sin saknad över hav
till Fågel Fenix' land:
där leker sonen i en lund
så frisk och levnadsvarm,
hon trycker honom då en stund
intill hugsvalad barm.

—

Och liten lärkas hjärtekval,
när hon de sina mist,
för henne dit i solig dal, –
där återses de visst:
med barmens dun hon värma får
på nytt de späda små
och lyssna tjust, då maken slår
sin drill i eter blå.

—

Envar, som denna strand har nått,
o sällhet! finner där
den famn, den mun, vartill han trått
i oskuldsfullt begär.
Där ser han vad han skönast drömt,
där möter honom allt
vad ljuvt han känt, vad rent och ömt,
i levande gestalt.

—

Hör källors sorl och lundars sus
och bäckars yra fröjd!
Vad dagrars lek, vad glans och ljus
på sky och blånad höjd!

Och allra högst i purpurfärg
med gyllne vingars prakt
står fågeln Fenix på sitt berg
och håller trogen vakt.

* * *

Nu sköt det mörka skeppet in
i vikens spegelrund.
Hur lugnt det känns i håg och sinn,
då man har ankargrund!
Men seglarn klagar: ”O hur kort
är denna fridens tid!
för morgonsolen flyr han bort;
sen åter storm och strid.

—

Har jag ej kämpat länge nog
mot havets vreda flod?” –
Då viskar det från strand och skog,
det viskar: tålamod!
Det viskar: glöm en stund hur tungt
du känner ödets hand!
Sov, kvalda själ, sov sött och lugnt
vid Fågel Fenix’ strand!

—

Och sol går ned vid trastars sång
och andeljuv musik
och slår från väster hän en spång
in i den stilla vik.
En skepnad går den gyllne väg...
”O se! Vem kommer där?
Är det den kände vandrarn, säg,
den gamle Ahasver?”[1]

—

Ja, han det var. Han klättrar ren
för fallrepstrappan opp.
Ur smärtans natt i blicken sken
ett outsläckligt hopp.
Hans läppar viska... alla lyss,

1 Ahasverus i alternativ stavning, ”den vandrande juden”. – *Red.anm.*

och om man rätt förstod,
så sade han, vad skogen nyss,
han sade: ”Tålamod!

—

Jag varit vid Jordanens strand:
ett oljeträd där står,
som tvinat har i öknens sand
så många hundra år;
det lever dock, och när en gång
det slår i blommor ut,
då höjes världens frihetssång,
och kvalens tid är slut.”

—

Snart hastar han på nytt sin gång,
han trådar spårlös ban,
där månen nu en silverspång
slår över ocean;
mot öster hän hans kosa bär,
och på hans öde led
ser himlens tysta stjärnehär
med sorgsen undran ned.

—

Vid strand, där tröttad farkost låg
och kände kring sin bog
en smeksam månförsilvrad våg,
där står en pinjeskog.
Där sjöng så vänt en näktergal
en sång till hjärtetröst
om frid på bölja, berg och dal
och frid i alla bröst.

—

Av vallmo doftar ljuvlig kväll,
de trötta slumra snart.
Den gamle sjöman drömmer säll
om något underbart:
han drömmer om en härlig värld
förlöst ur kval och brott,
och att han ända fått sin färd –
det var att drömma gott.

* * *

Men väster ut det tjocknar nu
omkring Orions lopp,
och österns stjärnor slockna nu,
och drömmarn vaknar opp.
En morgonbris i taklet slår,
och som ett blodigt hot
bland dystert röda skyar går
ur havet solens klot.

—

En vindstöt tar i seglen håll
och buktar varje klut
och slungar skeppet som en boll
ur lugna viken ut.
Och nu det går, som förr det gått,
runt om magnetens nål,
det har så brått, så brått, så brått,
fast ej det vet sitt mål.

—

Och väktaren på Eddystone,
då över böljans ban
han skönjer skeppet långt ifrån,
så väntar han orkan;
och väktaren på Vinga fyr
han vet vem seglarn är,
som svävar fram, där brottsjön yr
bland månbeglänsta skär.

Henning Berger

Uppfinnaren Stürzberg

Den lever! utropar den förryckte uppfinnaren Stürzberg i denna version av Frankenstein-myten, mer än tio år innan "It's alive!" blev ett bevingat uttryck i skräckens annaler genom James Whales klassiska film *Frankenstein* (1931). Den på sin tid internationellt framgångsrike och trefaldigt Hollywood-filmatiserade Henning Berger (1872-1924) presenterades i förra delen av *Svenska sällsamheter*, i samband med hans novell *Dubbelgångaren*.

I denna novell kommer Henning Berger in på en ny turnering av Frankenstein-motivet: Om man förutsätter att den klassiske galne vetenskapsmannen bara *tror* och *upplever* att han skapat liv – eftersom han ju trots allt är galen! – har man en oväntad och på samma gång helt följdriktig utveckling av myten i fråga. Det är en idé som borde utvecklas till fullo av andra författare, ifall det inte redan har gjorts.

* * *

Det var ett helt litet rum, jag visades in i, sedan jag krånglat mig uppför en smal trätrappa med spjälräck, och vars steg skrek, vart och ett, som hade man trampat en pyramid katter på svansarna. Det svarta huset luktade, liksom den trånga bakgatan, av kål, lök och surt öl.

En mager individ i kamelbrun långrock och med en bjärtröd halsduk, i vilken en glasdiamant blixtrade, reste sig. Han var så lång att hans yviga svarta hår sopade, eller rättare borstade det nedrökta taket, efterlämnande små ljusare strimmor i kalkningen. De magra händernas pianofingrar bar en uppsättning barockringar: röda, gula, blå och violetta stenar. På handens översida och sedan vidare handlederna och armen uppåt under de vaxgula manschetterna växte långa hår – som snärjande svart sjögräs.

– Stürzberg, sade han.

Jag betraktade ovillkorligt hans ögon. De var nervöst oroliga. De flaxade som korpvingar och ögonlocken fälldes upp och ned på samma sätt som slutskivan i dessa metallglober, man finner på en del restauranger, och i vilka kyparna häller aska och brukade tändstickor. Men vitans emalj var porslinsblå som hos en turk, och hela minspelet blev så groteskt, att jag inte kom mig för att svara. Då han upprepade namnet kunde jag äntligen flytta min blick och säga:

– Ja, konsul Salomon Mayr har bett mig göra er ett besök i och för en uppfinning ni tror skulle gagna mitt hemland. Som jag emellertid måste resa i afton, ber jag er – –

Här avbröt han:

– Jag vet, konsuln skrev det i går. Men –

Han tystnade.

– Vad är det? sade jag.

Mannens ögon blev stela och stirrande. Locken hängde som en halvupphissad ridå. Han viskade:

– Om ni också tror att jag är galen – är det – är det bättre att ni går utan att ha sett –

Något sorgset, undergivet och gäckat i tonen rörde mig plötsligt. – Ju mer skeptiker man är, dess mer skeptisk blir man också inför sina egna på förhand dragna slutsatser. – Vem vet? – tänker man till sist om allt och alla...

Därför sade jag helt vänligt:

– Kära herr Stürzberg, jag vet intet – absolut intet – om vare sig er eller er uppfinning. (Det var lögn så till vida att Mayr skrattande förklarat för mig, att karlen var förryckt.) – Men vill ni inte utan vidare berätta mig – visa mig – –

– Jo, avbröt han och strålade upp. Jo, jag vill! Men först måste jag sätta er litet in i idén. Den står där inne – –

Och han pekade på en dörr i fönsterhörnet.

– Vad är ”den”? frågade jag.

– Husch! sade Stürzberg, husch.

Det lät som hade han tystat ned mig för att jag inte skulle väcka en sovande.

– Den, viskade han med ett knotigt, smutsigt och ringprytt benrangelspekfinger på munnen, *den lever!*

Han såg till den grad underlig ut i sin röda halsduk och med ögonlocken välvande upp och ned, att jag halvt ångrade min nyfikenhetsfärd. – Det lät, som hade han ett vidunderdjur – ett ”fabeldyr”, som norrmännen säger – eller ett andeväsen instängd i vad jag antog vara en garderob.

– Vad är det? sade jag allvarligt betonande.

– *Det*, sade Stürzberg, *det* är odödligheten!

Menade han symboliskt? För att maskera mitt minspel såg jag mig om efter en sittplats, och upptäckte en låg tagelsoffa, vars ryggstycke brustit så stoppningen lyste fram. – Det såg ut, som rämnade till och med soffan i ett brett leende. – Jag satte mig.

Herr Stürzberg gjorde några vilda gester, menade som ursäkter och artigheter. Därefter började han promenera fram och tillbaka, under det han, ackompanjerad, så att säga, av ögonrullningar och lockhävningar, berättade följande.

* * *

– Jag är galizier. Jag kom till München för tolv år sedan. Jag var ursprungligen Kellner – i Budapest, i Wien, i Nürnberg. Jag heter inte Stürzberg – mitt namn är Badchzock. (I parentes: det lät så för *mina* öron – som om han nyst mitt i ordet!) – Jag har sett och upplevt mycket. Min sista källarmästare döpte mig till Stürzberg emedan han inte kunde uttala mitt namn och han själv hette Mühsam. Men det är detsamma – som Stürzberg skall jag en gång bli berömd! Chik – chik! (Dessa chik – chik var ett slags nervösa käksmällar.)

– Men jag grubblade ständigt på en uppfinning. Jag såg en gång på en österrikisk-ungersk cirkus ett förvånansvärt nummer. Det var en levande docka. Hon drogs upp med en nyckel och förevisaren öppnade klaffar och luckor och visade mekanismen. Men man kunde se att det var en död figur. Alldeles stel – och ibland föll den omkull. Det fanns de som påstod, att det hela var en utmärkt trick och *att det var en människa, som spelade docka,* och att det var i detta som det originella låg. – Men, herre gud, då hade det ju inte varit något märkvärdigt! Nej, den karlen var nog på rätta vägen, men han hade ej bättre förstånd än sälja sig till förevisning för att förtjäna stora pengar. Vilken narr! Hade han väntat och *lidit,* som jag fått göra, hade han ju en gång ägt allt! – Chik – chik...

– Jag började i största hemlighet experimentera. Först gjorde jag en stomme av trä. Men det dugde inte. Det var för tungt. Sedan gjorde jag en kropp av glas. Huden tog jag av kaniner – det undre skinnet. Ni skall komma ihåg hur svårt det var för mig, som intet läst – endast hade *anden.* Och så inga pengar! Nåja, det ligger långt tillbaka. Jag vill inte upprepa allt jag genomgått – två år satt jag inspärrad på dårhus! – utan genast komma till huvudsaken: nu har jag hemligheten, livsmassan, urprotoplasman, det innersta planetembryot, som jag kallar Uranus. Ja, jag har – chik – chik – funnit *alltstoffet...*

– Men det var värst med ögonen. De vanliga dockögonen duger inte! Det måste vara *livstrålar* som utgår spontant från centrum. Däri skall blandas *tankesfären.* Det helas harmoni beror på detta. Och det var mycket svårt!

– Jag experimenterade fyra år med ögonen. Det kostade mycket pengar, och jag var tvungen att stjäla allt jag kom åt. Jag gör mig intet samvete av att säga detta. – Jag stal och bedrog vid kassans uppgörelse var natt så mycket jag kunde. Vad betyder det! Nu när jag är vid målet kan jag gottgöra allt sådant tusenfalt!

– Så skapade jag till sist min odödlighetsvarelse, som jag benämner Orkandra. Det är en man, *men samma man kan med en enkel mekanism förvandlas till kvinna.* Ännu fattas ett par småsaker härvidlag. Även fattas den luftpump, som jag tänkt ut, och vilken skall under det att Orkandra rör sig själv dra in syre i organen. Också ett sammanbindningsfluidum fattas – ty vanligt blod duger inte – och det är ju omöjligt, eller åtminstone förenat med stor risk, att åstadkomma människoblod. Den nya kraften som finns i radium är för dyr. Men jag är på spåret! Något som liknar bläck, men som har *akademiska* krafter!

– Så var det håret. Jag ville att hår skulle växa av sig självt! Alla patentelixir dugde inte. Det måste vara momentana cirkelkraften! Och jag fann den. Nu växer på Orkandra både hår, skägg och mustascher – så jag är tvungen att en gång i månaden klippa med klippmaskin. – Därnäst kom matsmältningsfrågan. Jag ville ha det så, att mat inte var behövlig, men dock kunde brukas. Även det lyckades. Orkandra kan äta och *smälta* till exempel pannkakor. Dock endast när jag vill.

– Allt detta är min hemlighet. Massan – urämnet – har jag berett, nerverna, musklerna, köttet och även den *blå, överelektriska* anden har jag funnit. – Jag röjer den aldrig!

– Nu, herr konsul, skall ni se Orkandra. – Där – där inne ligger DEN!

* * *

Den förryckta uppfinnaren Stürzberg stannade mitt framför mig med ett sista ”chik – chik”, rullade ögongardinerna upp och ned och pekade mot den lilla dörren vid fönstersmygen. – Jag var ju på det klara med mannen, men hade intet annat att göra än låtsas intresserad. Och, uppriktigt talat, var jag ju också en smula ”spänd” på hans Orkandra.

Men det var nödvändigt säga något. Jag harklade fram:

– Varför speciellt mitt land, herr Stürzberg, varför just Sverige?

Han log hemlighetsfullt:

– Vänta litet, mumlade han.

Så gick han fram till den bruna dörren, tog upp en nyckel ur bakfickan av kamel-livrocken och öppnade.

– Kom, sade han.

Jag trädde fram.

Det var inte, som jag antagit, en garderob utan ett krypin till sängkammare. Och därinne på en simpel järnsäng à 12 mark låg en figur, som onekligen till fullo liknade en människa. Så vitt jag kunde se en ålderstigen och gråsprängd herre i en habit, som gott kunde ha varit kyparfrack i såväl Budapest och Wien, som Frankrike, Italien, Polen eller världen över.

– Husch, sade Stürzberg – se, se!

Och han fumlade med några knappar på väggen, och belätet reste sig morrande och knorrande, fjädrar surrade och hjul väste. Gestalten steg upp och glodde på mig med ett par grådaskiga ögonlinser under det att håret sprätte upp som tuppfjädrar. – Det var en motbjudande syn, och när därtill underkäken plötsligt med en smäll föll ned och visade ett gap av hål och bruna betar, hade jag fått nog. Jag tog ett par steg baklänges.

– Ack, sade uppfinnaren – det fattas ännu blott livsfluidet – men vänta, vänta...

Och han tryckte på sina hemliga väggknappar och Orkandra föll med ett dovt brak tillbaka på sängen.

* * *

Vi stod i ytterrummet. Jag hade ju endast en önskan: att kunna göra passabel sorti.

– Kära herr Stürzberg, stammade jag – varför har ni speciellt tänkt på Sverige –

Han log – en dåres leende.

– Ack, sade han – det hade naturligtvis inte fallit mig in om ert land ej haft Nobelpriset. Jag har hört, att vart år delas ut ett stort pris till den märkvärdigaste mannen, ett land frambringat. Därför har jag velat i första rummet tillgodogöra ert land med min uppfinning. Orkandra är begreppet av allt, som kan tänkas behövligt för att uppfylla alla villkor. Det är *idealmänniskan.* Han har aldrig skrivit något! Och dessutom – dessutom har han en egenskap som alla de andra saknar – chik – chik...

Jag hade hunnit samla hatt, käpp och handskar och närmade mig utgångsdörren.

– Vad är det, käre Stürzberg, sade jag vänligt.

Hans ögonlock fällde upp och ned, halsduken lyste i kapp med glasdiamanten:

– Nobelpriset, viskade han. – Nobelpriset.
Därpå rätade han upp sig. Han liknade en profet.
– *Den dör inte!* sade han.
– – –
Och jag gav honom Sekreterarens adress.

Frank Heller

Den okände guden

Frank Heller (pseud. för Gunnar Serner, 1886-1947) var en känd kulturpersonlighet, som efter studier i Lund började sin vuxenkarriär som banksvindlare på flykt undan rättvisan. I likhet med Henning Berger blev han en globetrotter och världsmedborgare. När de stulna pengarna sinade slog han in på författarbanan. Han fick internationella framgångar speciellt i Tyskland och kunde efterhand sona sitt brott genom att betala tillbaka de förskingrade slantarna. Han betraktas än idag som en tämligen respektabel underhållningsförfattare, i synnerhet som han också skrev lyrik och essäer, en intellektuell och världsvan herre. Som antologiredaktör med *All världens sällsamma berättelser* (1947) framstod Frank Heller som en proponent för science fiction i Jules Vernes och H.G. Wells anda, vilket han själv skrev i noveller som *Sfärernas harmoni* och *Från Jupiter till Pallas*.

Frank Hellers främsta skapelse var Filip Collin alias professor Pelotard, som likt sin författare är en äventyrlig gentleman med tvetydig moral. Under sina resor världen över blir Collin involverad i rafflande och mystiska intriger, där han till och med gör en runda i dödsriket under en hypnossession i novellen *Herr Collins besök i Hades* (1916).

En annan populär skapelse av hans penna var den psykoanalytiska gåtlösaren doktor Joseph Zimmertür. Det är en originell detektiv (i bred mening) som inte löser mysterierna genom knivskarp logik, utan genom sina psykoanalytiska kunskaper och insikter i den mänskliga naturen. Fantastikinslagen är återkommande, som denna novell visar, och även *Dr Zimmertür och den eviga ungdomen*, där den gode doktorn konfronterar en mindre nogräknad läkare som försöker föryngra sina patienter genom att operera in apkörtlar i dem. Heller lät publicera fyra novellsamlingar och en roman om Zimmertür mellan 1926 och 1932.

Den i Amsterdam bosatte doktor Zimmertür är en mycket sympatisk judisk excentriker, modellerad efter Frank Hellers personlige vän professor Moritz Oppenheim. I ett Europa som kokade av antisemitism vid denna tid skulle detta kunna lända författaren till heder, men tyvärr valde Heller att bli en bigott opportunist. När nazisterna tog makten i Tyskland slutade han abrupt skriva om Zimmertür. Istället producerade han artiklar där han låtsades ha en nyanserad och balanserad åsikt i "judefrågan", men landade ändå i slutsatsen att nazisternas häxjakt på judar var förståelig och till och med sund. Frank Hellers flirt med naziregimen fungerade och han fortsatte att sälja stort i Tyskland, alltmedan nazisternas partiorgan *Völkischer Beobachter* publicerade Filip Collin-romanen *Storhertigens finanser* som följetong.

Denna mörka sida hos Frank Heller uppmärksammades av Sven Sörmark och Eva Dickson i deras bok *Det börjar med judarna...* (1986) samt av Bertil Falk i en essä hos Tidningen Kulturen 29/8 2013.

Gör detta att Frank Hellers författarskap ska skys som pesten? Förstås inte. Ifall alla författare som begått dumheter och förespråkat idiotiska åsikter kastades på skräphögen, skulle nästan hela litteraturhistorien försvinna inklusive Dickens, Dostojevskij, Strindberg och T.S. Eliot. Vi bör kunna tolerera att läsa antisemtiska och extremistiska författare, så länge verken i sig inte har samma tendens.

1.

Doktor Zimmertür stod med händerna knäppta på ryggen framför en monter i Monacos akvarium. Han var försjunken i åskådandet av ett drama som utspelades på andra sidan den genomskinliga glasväggen. Ögonblicket innan hade en hand kastat en levande räka i monterns vatten. Det lilla skaldjuret gjorde ett slag med stjärten, återvann jämvikten och kilade utan en sekunds tvekan mot bassängens botten för att borra ned sig i gruset. Men det stod annorlunda skrivet i dess ödes bok. Det klara vattnet förmörkades plötsligt av en skugga som tycktes lösgöra sig från en av sidoväggarna. Något som liknade en drivande ballong sjönk sakta men målmedvetet mot räkan. I samma ögonblick som den beredde sig att försvinna i gruset, vecklade ballongen ut åtta böljande sugvårtsprydda armar, som grep den. Den försvann in i ballongens inre. Bläckfisken, nyss purpurblå av sinnesrörelse som en äldre herre inför en alltför god middag, lugnade sig så småningom och antog den grå- och rödfläckiga giftsvampsfärg, som var dess normala hy. Endast en sakta böljande rörelse av ballongkroppen antydde, att räkan höll på att spela sin förutbestämda roll i naturens hushållning till ända.

– Kismet! mumlade doktorn för sig själv och hörde plötsligt en stämma vid sin sida:

– *Mangia molto piano!* Han äter mycket långsamt! En italiensk pojke på femton år hade förirrat sig in i museet och följde i största spänning dramat på andra sidan glasväggen. Doktorn förstod, att hans unge granne jämförde polypens måltidshastighet med det tempo i vilket italienare äter makaroner, och gav honom rätt i hans uttalande.

Skådespelet var förbi – skådespel på ena sidan glasväggen, bröd på den andra – och doktor Zimmertür gjorde sig redo att gå, då friden i museet stördes av steg och nya stämmor. Ett sällskap på tio personer kom runtom hörnet – ett egendomligt sällskap.

De nio av dem var lätta att placera. De tillhörde den klass av turister, som i tusental transporteras världen runt av Cook och hans Son. Men vad den tionde var, var svårare att säga. Han gick med hatten i handen. Man såg en bred panna, som skuggades av en silvervit lejonman, en buktig näsa och en stor satirisk mun med neddragna mungipor. Huvudet satt en smula nedsjunket mellan axlarna; händerna var nonchalant gömda i fickorna på en sammetskavaj. En konstnär? En vetenskapsman? Det var vad utseendet tycktes säga – men hur kunde vare sig en konstnär eller en vetenskapsidkare delta i en sällskapsresa, som måste vara arrangerad av Cook och hans Son? Nu var de framme vid bläckfiskens bassäng. En av museets vaktmästare närmade sig för att demonstrera denna akvariets största sevärdhet. Men han hade knappt hunnit avleverera några allmänna fraser om bläckfiskens latinska namn, hemort och egenheter, förrän mannen med sammetsjackan avbröt honom.

– Det är bra! Vill ni ställa om att djuret utfodras! Det är ändå det enda som intresserar oss att se. – Inte sant? vände han sig på holländska till sitt sällskap.

De smålog instämmande. Doktorn grubblade. Var hade han sett detta ansikte? Han *hade* sett det, det fanns intet tvivel om det. Mannen med den breda pannan talade:

– Ni får nu, mina ärade vänner, tillfälle att njuta, om också i miniatyr, av samma skådespel som i så hög grad tilltalade de gamla romarna, nämligen hur ett levande väsen uppäter ett annat. Vad som ökar intresset är att det ena djuret har rykte för list och grymhet, och att det i vissa fall kan bli farligt till och med för oss människor. Det senare är av största vikt. Ty om vi inte känner en parallell mellan oss och offret, mister ett sådant skådespel sitt intresse för oss.

En hand visade sig ovanför bassängen och släppte en silverglittrande fisk i vattnet. Den slog ett par slag med fenorna och ställde sig att stirra ut genom glasskivan med runda, stela ögon. Plötsligt lösgjorde sig en skugga från bassängens vägg. Den sjönk långsamt nedåt. Åtta sugarmar böljade, två svarta, kalla ögon glimmade i mitten av en ballongliknande kropp. Damerna i ressällskapet utstötte rop av fasa. Plötsligt svepte de åtta vårthöljda armarna fram mot ett gemensamt mål. Den lilla fisken sprattlade och försvann. Från andra sidan glasrutan glimmade ett kallt svart öga mot åskådarna.

– Hu då, så hemskt!

– Jag kan inte sova i natt.

Mannen i sammetsjackan smålog åt damernas förfäran.

– Törs jag fråga, hur många av de närvarande som är vegetarianer? frågade han. Ingen, eller hur? Vad har vi i så fall att förfasa oss över? Det är sant att de flesta folkslag nuförtiden dödar sina offer, innan de äter dem, men det är långtifrån regeln, och kinesernas bästa *hors d'oeuvres* än i dag består av nyfödda vita möss som doppats i sirap och sväljs levande. Jag medger att det inte är något smörgåsbord för min mage, men...

Nya rop av avsky genljöd omkring honom. Han fortsatte oberört:

– Men för övrigt ger en liten scen som denna osökt anledning till reflektioner som har större värde än alla humanitära utbrott! För så vitt den lilla fisk som just släpptes ned i bassängen har en föreställningsvärld, vilket är så gott som säkert, eftersom vi människor har en och eftersom allt uppstår gradvis och intet ur intet – i så fall har den säkert också ett slags religion. Och vem är då den gud som den dyrkar? Det är med ganska stor säkerhet vår vän med de åtta sugvårtsarmarna på andra sidan glasrutan. Honom fruktar fisken, och om han ser en av sina likar ätas av bläckfisken, uppfattar han det som en straffdom eller ett offer och fruktar endast mera. Bläckfisken är en gud.

– Tyst då! ropade damerna. Hur kan ni tala på det viset? Skulle det gräsliga djuret där inne vara en gud?

– Han är en gud, svarade mannen i sammetsjackan oberörd. Tänk på egyptiernas heliga krokodiler och hundra andra gudar, till vilka människor har offrat människor. Vad symbolisera de om inte en och samma princip? *Fruktan.* Vi är rädda och därför tillber vi. Under krig, jordbävningar och farsoter stiger religiositeten, under långa fredstider sjunker den, det kommer varje präst som ni frågar att intyga. Och därför säger jag, att om räkor och småfiskar har en gud som de tillber, så är hans namn, vilket de inte känner och som de aldrig skulle våga uttala om de kände det, *Octopus vulgaris* eller den åttaarmade bläckfisken.

En av åhörarna insköt med rynkad panna:

– Jag tyckte jag hade läst någonstans att det var åskan som hade framkallat religionen!

Mannen i sammetsjackan smålog ironiskt men irriterat.

– Åskan! morrade han. Om åskan har haft någon betydelse för människornas religion, är det just därför att den ingav dem skräck! Jag själv, som vant mig att se allt ur förnuftets synvinkel, måste medge, att jag är ytterligt känslig för luftelektricitet. Rymdens spänning överförs omedelbart på mina nerver och ger sig utslag i form av ångest. Det är ologiskt, det är atavistiskt, men jag kan inte övervinna det. Vad bevisar det? Endast att det inte är vi själva eller vårt ”jag” som regerar inom oss utan våra celler, våra körtlar och våra nervbanor. Det kommer kanske att ta oss årtusenden innan vår hjärna lyckas underkuva dem – men vi skall göra det, vi *måste* göra det!

Han ruskade på sin vita man, stack händerna i fickorna och gick vidare. Sällskapet – sex damer och tre herrar av typen ”framgångsrik diversehandlare” – följde honom mumlande och småleende.

– Säga vad man vill, underhållande, det är han!

– Han vet allt!

– Det är inte alla som kan skryta med ett sådant ressällskap!

Detta var de uttryck som doktor Zimmertür uppfångade. Vem var då mannen med silvermanen? Han hade sett hans porträtt någonstans, han kände hans namn…

– Spiegelmann! Edvard Julius Spiegelmann! Ja visst! Att jag inte för länge sedan begrep det!

Doktorn trummade på glasrutan, bakom vilken bläckfisken fortsatte sin offermåltid.

– Jag gratulerar dig, min vårtprydde vän! Spiegelmann har utnämnt dig till en gud! Det är ett patentbrev – ty vem skulle våga opponera sig mot författaren till *Religionernas uppkomst och undergång*?

Intet tecken på sinnesrörelse visade sig i bläckfiskens svarta öga. Doktorn slog en ny trumvirvel med fingrarna, denna gång mot sin panna:

– Men vad i himmelns namn – en himmel med litet h och fri från alla de gudomligheter, som Spiegelmann har avslöjat – vad i himmelns namn gör E.J. Spiegelmann här i sådant sällskap?

Den nya *numen*, som professor Spiegelmann just givit makt och välde i vattnen, svarade inte, och efter en stunds funderingar gick doktorn.

2.

Han skulle få svar på sina frågor fortare än han anade. Ty när han kom hem till hotellet i Mentone, där han bodde, fann han att hela sällskapet var inackorderat där. Det var inte Cook och Son som stod för resan, det var en holländsk byrå och den gynnade enligt prospektens omslag företrädesvis "solida, borgerliga hotell med priser inom räckhåll för vilken plånbok som helst". Då doktorn hade samma program på sina resor, var det inte underligt, att hans och det holländska sällskapets vägar korsades.

De satt till bords när doktorn gjorde sitt inträde i matsalen. Hans bord stod alldeles bredvid deras; han kunde obehindrat följa konversationen, och han gjorde det med illa dold nyfikenhet.

– Nej, fru Pieters, den affär ni talar om kan omöjligen ha legat i Rue Daunou i Paris, eftersom ni minns att husnumret var 32. Rue Daunou har inte något högre husnummer än 28.

– Hur gamla bergen här ovanför är, fru t'Serstevens? Inte särskilt gamla. De går endast tillbaka till tertiärperioden. Visserligen började de stora uppveckningarna inom Medelhavsområdet redan under jura- och kritperioden men det var först under tertiärperioden som de resulterade i den moderna serien av bergskedjor. Alperna, Himalaya och Anderna är ungefär lika gamla.

Doktor Zimmertür glömde att svälja soppan.

– Hörande dem och lärande dem! mumlade han. Sannerligen hörande dem och lärande dem!

Samtalet fortsatte:

– Toddy, herr Panhuys, är egentligen ett indiskt ord, som betyder palmvin. Den indiska stammen är *tadi*. Visky kommer däremot från keltiskan och betyder vatten. Den ursprungliga benämningen var *uisge beatha*, livets vatten. Som ni naturligtvis vet, herr Panhuys, var kelterna de första som lyckades destillera alkohol. Fanatiska nykterhetsivrare har däri velat se orsaken till de keltiska folkens förtidiga undergång.

Doktor Zimmertürs fisk kallnade, utan att han märkte det.

– *Præceptor Bataviæ*, mumlade han. Sannerligen lärande dem men inte hörande dem!

Desserten serverades.

– Hör jag rätt, fru Mayen? Bryr ni er inte om Romain Rollands böcker? Ni gör orätt. Han har gjort mycket för att närma Frankrike till Tyskland. Ingen förenar som han fransk klarhet med tysk oläslighet.

Doktor Zimmertür brast i ett ouppfostrat och fnissande skratt som förrådde honom. Professor Spiegelmann vred sig om på stolen.

– Skulle vi vara landsmän?

Doktorn bugade sig.

– Mitt namn är doktor Zimmertür från Amsterdam. Ursäkta att jag lyssnade, herr professor!

– Ni känner mig?

– Vem känner inte professor Spiegelmann?

Det glimtade i professorns mörkblå ögon.

– Om jag inte misstar mig har vi sett varandra förut.

– Ja, i eftermiddag i oceanografiska museet. Om det inte hade varit närgånget, skulle jag ha vågat protestera mot något som professorn sade då.

– Vad sade jag?

– Att *fruktan* var alla religioners moder. Under loppet av min praktik – jag har det besynnerliga yrket att vara praktiserande psykoanalytiker – under loppet av min praktik har jag sett åtminstone två religioner uppstå, och ingen av dem hade sitt upphov i fruktan.

– Så? Berätta!

– Gärna. Den ena religionen uppstod på en av de nordfrisiska öarna, som om vintern ligger nästan avskuren från fastlandet. En av fiskarhustrurna fick en uppenbarelse om att fem var det heligaste av alla tal. När hon önskade något, mumlade hon: fem, fem, fem, fem, fem! Hennes grannkvinnor hörde henne göra det och började följa hennes exempel. Efter en tid uppstod det konventiklar, där man bad till fem och multipler av fem. Femtiofem! började en av kvinnorna. Femhundrafemtiofem! svarade en annan. Femtusenfemhundrafemtiofem! ropade en tredje. Femtiofemtusenfemhundrafemtiofem! skrek en fjärde. Det var inte långtifrån att rörelsen urartade i kätteriförföljelser och allt annat som åtföljer en ny religions födelse.

Professor Spiegelmann gapskrattade.

– Och den andra religion ni sett uppstå?

– Den var enklare. Det var en man i Gelderland, på de magra hedarna vid tyska gränsen, som plötsligt förklarade att han var Gud. Han hette Gintz, och det dröjde inte länge förrän han fick anhängare som trodde att han var det Högsta väsendet i egen person. Hans förkunnelse var enkel: inom kort tid skulle världen förgås, och då kom de som trodde på honom att bli räddade, men alla otrogna att förintas. För att bevisa sin tro hade man endast ett att göra: att skriva all sin jordegendom på guden Gintz' namn.

En vacker dag försvann han från Gelderland. En vecka senare fasttogs han för oregerligt beteende på ett nattkafé i Amsterdam. Dessförinnan hade han belånat alla de jordegendomar som de troende skrivit på hans namn i en hypoteksbank. Men ingen av de troende önskade honom straffad. De aktade sig väl för att bli skyldiga till gudsförakt.

Professor Spiegelmann nickade.

– Det är ju en kopia i smått av mormonismen! Och vad var mormonismen annat än en förminskad kopia av mohammedanismen!

– Jag tror, att det är Taine som säger det, mumlade doktorn med sänkta ögonlock.

Professorn rynkade irriterat ögonbrynen.

– Jaså, ni känner Taines essay? Men en sak förstår jag inte, och det är hur ni kan påstå att fruktan inte ligger till grund för era två religionsformer. Anhängarna av er första religion fruktade framtiden här på jorden och sökte besvärja den med magi, och anhängarna av er andra religion fruktade framtiden i en annan tillvaro och sökte köpa sig bättre villkor för den. Alla troende fruktar, och religionsstiftarna säger: Ni har rätt! Frukta det värsta, om ni inte tror på mig!

– Och varför säger religionsstiftarna detta? Är det av lust att underkuva massorna, som Voltaire påstod om Mohammed? Eller är det bedrägeri som i fallet Joseph Smith? Eller är det självbedrägeri?

Professorn smålog mefistofeliskt.

– Ni kunde inte ha formulerat de tre kategorierna bättre, om ni läst mina böcker, vilket jag märker att ni inte har!

– Och en fjärde kategori finns inte? Kalla den uppenbarelse eller vad ni vill!

De mörkblå ögonen blixtrade.

– Nej! Mitt i en tid som myllrar av vidskepelse och vantro är det min stolthet att förbli *vetenskapsman* och söka sanningen, hur smärtsam den än kan vara! Ni frågar mig med en omskrivning om jag tror på något översinnligt, och jag svarar er klart och tydligt: nej!

Professor Spiegelmann vände sig mot sina andra åhörare och sade:

– Hur var det, herr Panhuys? Vad teratom betyder? Teratom är helt enkelt...

Innan doktorn gick i säng, slog han sig plötsligt för pannan.

– Nu vet jag det! Nu vet jag, varför han reser i sådant sällskap! Det är för att alltid ha någon som lyssnar till honom, men aldrig någon som kan motsäga honom!

Han skrockade ett ögonblick och tillade:

– För resten undrar jag hur det skulle gå, om hans åsikter sattes på prov i verkligheten!

3.

Det berodde absolut inte på slumpen att doktor Zimmertür nästa eftermiddag satt i samma bil som professorn och hans omaka ressällskap. Det berodde på honom själv.

Bilen var nämligen en autobuss med plats för tolv personer, och den var på väg till Castello Cargese. Det hade länge varit doktorns avsikt att göra en utflykt till detta ställe. När han hörde att de tio var destinerade dit just denna dag, tog det honom inte lång tid att köpa sin biljett.

Motorbussen steg, dånande som en jättehumla, genom blåare och blåare dalar.

– Det är de prehistoriska människorna som locka *er*, förstås? underrättade doktor Zimmertür sig. Litet drickspengar till chauffören hade skaffat honom platsen bredvid professorn.

Professor Spiegelmann smålog kallt.

– De flesta av passagerarna i den här bussen, mumlade han, behöver inte gå på museum för att se prehistoriska människor. De kan nöja sig med att se i en spegel.

– *Drommels*, herr professor, ni kan inte vänta att alla människor skall vara lika avancerade som ni själv!

– Nej! ropade mannen med silvermanen. Jag vet att jag inte kan vänta det. Men vad som fyller mig med raseri över tillvaron är att det inte finns någon utsikt att man någonsin kan vänta det! Hur gammalt är människosläktet? Kanske en halv miljon år. Jag frågar er: har de nittionio procenten av dessa kusiner till aporna kommit ett enda steg längre än sina trädklättrande släktingar? Leds de av annat än drifter och känslotänkande? Önskar de annat än att rädda sitt usla liv så länge som möjligt och fortplanta det så rikligt som möjligt? Jag frågar er, och ni blir mig svaret skyldig.

– Det blir jag! medgav doktorn hjärtligt. Som medelålders barnlös kusin till trädklättrarna vet jag bäst, hur högt jag själv värderar livet – men – om ni föraktar era mindre utvecklade gelikar så djupt, varför reser ni då med ett sällskap från en resebyrå?

Han plirade illistigt mot professorn, vilken rynkade ögonbrynen som en rasande Jupiter och underlät att svara. Grå torn dök upp bakom en slinga i vägen. Man var framme.

– Hur är det? frågade doktorn för att återknyta förbindelserna. Är inte slottet i engelska händer?

– Jo, svarade hans granne kort. Fadern till den nuvarande ägaren köpte det för trettio år sedan, innan utgrävningarna börjat. Jag kände honom på den tiden. Det var en ganska frigjord hjärna – för att vara engelsman. Han dog på en forskningsresa i Afrika. Den nuvarande ägaren är mig obekant.

De hade hunnit uppför slottstrappan och stod i den sal, där slottets sevärdheter var samlade. Det var i grottorna omkring Castello Cargese som man funnit de äldsta kända spåren av människor i Europa. Deras skelett, huvudskallar, yxor och pilar vilade nu i prydliga glasmontrar. Andra montrar innehöll rekonstruktioner i gips. En man i uniform föredrog just en utanläxa, som var späckad med årtusenden och geologiska adjektiv. Ressällskapet lyssnade andäktigt. Professor Spiegelmann hånlog, till dess stubbmustaschen stod som morrhår över hans neddragna mungipor.

– Pithecanthropus undervisar sina bröder om pithecanthropus!

I detta ögonblick kom en ung man, som de hittills inte lagt märke till, fram till dem. Han var lång, mager och kutryggig. Hans blå ögon hade en egendomlig, beslöjad blick, där det då och då glimtade nästan elakt. Han talade med en mycket dämpad röst. Han vände sig till professorn med en vördnadsfull hälsning.

– Ursäkta mig, sade han på engelska, men är inte detta den berömde professor Spiegelmann? Det är jag som äger slottet. Mitt namn är lord Huxton.

Professorn strålade upp.

– Ah, vilket nöje! Jag kände er far. Men hur visste ni vem jag var?

– Vem känner inte ert utseende, herr professor! svarade lord Huxton och gjorde en gest mot de nio. Det enda som gjorde mig osäker på min sak var ert sällskap!

Spiegelmanns grimas var vältalig.

– Man väljer inte alltid sitt sällskap, sade han, och doktor Zimmertür, som visste hur pass mycket sanning hans ord innehöll, fnissade så ouppfostrat att det gav eko i salen. Lord Huxton kastade en forskande blick på doktorn och visade vägen in i en annan sal.

– Eftersom ni kände min far, herr professor, kan det måhända roa er att se de samlingar han gjorde på sin sista resa.

Han föreställde dem för ett virrvarr av vapen, avgudabilder, smycken och klädesplagg. Under tiden talade han med sin låga, spinnande röst och mönstrade professorn så oförställt, att det skulle ha verkat genant på de flesta andra personer.

– Ert namn, professor, är ett av de första jag minns från min barndom. Ni vet kanske att min far beundrade er – beundrade är inte rätta ordet, han tillbad er, såsom man för hundrafemtio år sedan tillbad Voltaire. Ni var hans ledstjärna, och vad ni skrev eller sade var hans lag. När min uppfostran började, var det efter era principer. Min far ville att en människa för en gångs skull skulle gå ut i livet utan att vara belamrad med alla de atavistiska meningar som man med våld tvingar på andra barn. Jag skulle börja min bana som en *fri* man. Om han lyckades, har jag uteslutande en att tacka därför, och det är ni, herr professor!

Professor Spiegelmann spann av välbehag som en majestätisk katt.

– Jag var inte mer än tolv år gammal, fortsatte den unge lorden, då min far satte er bok om *Religionernas uppkomst och undergång* i min hand. Vilket intryck den gjorde på mig, kan ni nog själv bäst föreställa er. Men det var inte förrän senare, som jag fullt förstod hela bokens räckvidd. Här var äntligen en man som gjorde rent bord och såg sanningen i ögonen utan att blinka. Vårt liv skulle levas, det skulle levas här på jorden, och det skulle göras så rikt och så skönt som möjligt. Första villkoret var att befria oss från alla dimmiga drömmar om ett liv efter detta. *Dura lex sed lex*, var ert valspråk. Sanningen till varje pris och intet annat än sanningen! Ni lämnade inte en gång ett altare kvar åt den ”okände guden”, som bibeln talar om. Jag tackar er för vad jag lärde av er, herr professor.

Professor Spiegelmann kastade sin vita man bakåt.

– Den okände guden! upprepade han med en bitande klang i rösten. Nej, jag lämnade inte något altare åt honom! Räck mysticismen lillfingret, och inom fem minuter har den tagit hela handen. Andra före mig har avsatt gudar och gudaätter, men i sista hand har de lämnat en plats åt denne ”okände gud”. Och så visade det sig, när det kom till kritan, att denne gud var precis samme evige följeslagare som mänskligheten släpat på sedan tidernas början – en makt som gagnade dem själva och skadade deras fiender, deras egen förstorade och groteska projektion ut i oändligheten! Reducerar man den till dess rätta proportioner, får man alltid en gud som den här!

Han grep en träbild från en av hyllorna och lyfte den som prästerna lyfter helgonbilderna vid katolska fester. Det var en liten undersätsig, vanskapad mansfigur, knappt en fot hög, med onaturligt stor mun och sneda metallögon. På huvudet hade han träfibrer till hår, och kring den uppsvullna magen en gördel av bast. Professorns mungipor var neddragna i hån och förbittring, och hans blå ögon flammade. Unge lord Huxton såg på honom med komiskt allvar.

– Häda inte! sade han. Denne gud är mycket mäktig, enligt vad negrerna försäkrade min far. Hur vet ni, att det inte är han som *är* den okände guden?

Professor Spiegelmann släppte mahognybilden, som föll i golvet med ett brak, och så olyckligt att en av armarna lossnade. Professorn skrattade till dess han flämtade, och först småningom lyckades han framstamma en ursäkt för sin klumpighet. Lord Huxton mottog den med en gravitetisk huvudböjning. Kort därefter ursäktade han sig och försvann på några minuter.

När sällskapet en stund senare beredde sig att bryta upp, visade det sig att det var omöjligt. En olycka hade inträffat. Motorbussens chaufför hade snavat och vrickat högra armen. Att han skulle kunna köra med en arm var otänkbart. Att sällskapet skulle kunna gå trettio kilometer till fots, var ännu otänkbarare. Lord Huxton löste problemet genom att inbjuda dem alla att stanna över natten och invänta en ny chaufförs ankomst nästa morgon.

Det föll av sig självt, att förslaget antogs med underdånig tacksamhet. Kvällen förgick på det angenämaste sätt. Professor Spiegelmann utvecklade hela sin konversationstalang. De utfall han gjorde mot släktet *Homo sapiens* kom åhörarna att ömsevis kikna av skratt och kippa efter andan. Lord Huxton lyssnade oavvänt till honom och följde honom, när det blev sängdags, personligen upp till det rum som han skulle bebo – ett stort rum i en vinkel av slottsfasaden.

Professorn som blev andfådd av trapporna, grep för att dölja det den unge lorden i armen och ropade:

– Ser ni alla miljonerna av klot där uppe? Säg mig, tror ni att det finns ett enda, där dumheten är större än här på jorden?

Liksom till svar ljöd det ett dovt muller på avstånd.

– Skulle vi få åska? tillade han hastigt. Det hoppas jag verkligen inte.

– Guden, som ni förolämpade, är en åskgud, svarade lord Huxton. Kanske han vill hämnas! Fem minuter efter att ni slog armen av honom, vrickade er chaufför armen och tvingade er att stanna här. Medge, att det är ett sammanträffande som kunde få vidskepliga människor att bli rädda!

Professor Spiegelmann fnyste hånfullt men svarade inte. Han såg ut genom fönstret, konstaterade att hela himmeln var stjärnklar, och följde därefter sin värd till dörren.

Nästa gång doktor Zimmertür återsåg honom, låg han framstupa på golvet i sitt rum, med ansiktet begravt mellan händerna, i en ställning av obetvinglig fasa.

4.

Klockan var då knappt åtta på morgonen. Den som tillkallade doktorn var ingen annan än lord Huxton själv. Han var blek.

– Ni är ju läkare? Vill ni inte se efter om professorn skulle – om någonting...

– Jag är läkare, medgav doktorn. Men jag sysslar nu mera med själen än med kroppen. Han gjorde en hastig undersökning.

– Nå? frågade lorden.

– Professor Spiegelmann, svarade doktorn och reste sig, kommer aldrig mer att behöva någon läkare för kroppen. Såvitt jag kan se, är dödsorsaken hjärtslag.

Lord Huxton försvann. Doktorn väntade, att han skulle komma tillbaka, men det gjorde han inte. Minuterna gick under det han frågade sig, vad orsaken kunde vara till detta plötsliga dödsfall. Kvällen förut hade professorn närmast varit bländande vital. Denna morgon...

Han spratt till.

Vad var det som stod på kaminfrisen?

Till att börja med ville han inte tro sina ögon – men jo, det var sant! På det ställe av den franska cheminén, där pendylen brukar ha sin plats, tronade en undersätsig, groteskt ful figur. Den var knappt en fot hög; den hade växtfibrer till hår, metallknappar till ögon och en bastmatta om sin svullna mage; dess ena arm dinglade halvt avriven från axelfästet. Intet tvivel – det var mahognybelätet från svartaste Afrika, som professorn malträterat, och om vilket husets ägare sagt: ”Häda inte! Hur vet ni att det inte är han som är den okände guden! Kanske han vill hämnas!”

Doktorn kände en ofrivillig fuktighet sippra fram vid hårfästet. Skulle det kunna tänkas, att...

Han avvärjde bara tanken med en rasande gest. Det var ovärdigt, det var löjligt att ens ett ögonblick hysa en sådan tanke. Vilket hånskratt skulle inte han som låg här på golvet haft över för en sådan idé! Men – faktum stod kvar: han hade funnits död på golvet framför mahognyguden, och ingen som helst förnuftig dödsorsak stod att finna.

Varför kom inte lorden tillbaka?

Ett omornat ansikte med rödkantade ögon såg in genom dörren. Det var herr Panhuys, en av professorns reskamrater.

– Redan uppe, doktor? Har ni kunnat sova för åskvädret?

Doktorn svarade mekaniskt:

– Tack, jag har sovit utmärkt. Vill ni inte se efter om ni kan finna lord...

Han hejdade sig tvärt utan att fullborda meningen. Ett ord, utslungat av herr Panhuys, hade gett genljud i hans medvetande – men först nu, nästan som åskknallen som kommer flera sekunder senare än blixten.

– Vad är det ni säger om åskvädret? nästan ropade han. Jag har inte hört någon åska, och jag låg ändå vaken halva natten.

– Så har jag hört så mycket mera, svarade herr Panhuys. Det larmade och dundrade i timvis. Gång på gång lät det som om åskan slog ned i huset eller strax utanför. Jag låg med huvudet under täcket för att inte höra någonting, men det hjälpte inte. Jag är som den stackars professor Spiegelmann, jag tål inte åskan...

– Vilket rum har ni? frågade doktorn med hes röst.

– Rummet alldeles bredvid, svarade herr Panhuys. I samma ögonblick fick han syn på den tysta gestalten på golvet.

– Vad står på med professorn? ropade han. Är han sjuk? Han är väl inte...

Han fick inte något svar på sin fråga. Doktorn, vars beteende slog honom som mer än besynnerligt, grep hastigt en stol, flyttade den intill den vägg som gränsade mot herr Panhuys' rum, tog en käpp och slog den mot översta delen av väggen. Det kom ett dovt eko som från en trumma. Så fort två korta ben kunde bära honom for doktorn ut i korridoren och granskade dörrens yttersida. Han konstaterade, att den hade ett patentlås, och att ingen nyckel satt på patentlåsets insida. Han for vidare in i det rum, där herr Panhuys tillbragt natten, steg upp på en stol och slog ännu en signal mot översta delen av väggen. Samma dova eko svarade honom. De korta benen bar honom i ilmarsch ut ur rummet, längs korridoren och mot en bestämd del av slottet. "Åska, åska, jag är som den stackars professorn, jag tål inte åskan"; herr Panhuys' ord genljöd i hans sinne, medan han sprang. Vad var det lord Huxton visat dem i går eftermiddag, när de gjorde en rond i slottet? Det var ett minne från sjuttonhundratalet, från den tid då Castello Cargeses ägare var italienare och uppmuntrade de sköna konsterna mera än vetenskapen, en miniatyrscen, där ekon ännu tycktes dröja av Lullis och Rameaus operor. I slottets nuvarande samling av museiföremål verkade den som ett komiskt rudiment, som en atavism – men som lord Huxton sade, när han visade scenen: – Det finns rudiment som man låter sitta, därför att det skulle vara för dyrt att operera bort dem! Professorn hade ogillande skakat på huvudet, och lorden tillade leende: – Det tycker ni inte? Ni skulle helst vilja operera bort alla rudiment och atavismer på en gång, om ni kunde – såsom ni säger i er bok att man bör göra med de religiösa fördomarna. – Det är viktigare att operera bort *dem* än blindtarmen! hade professorn svarat med bistra mungipor, och...

Här var teatern, där var uppgången till scenen, och där – ja, där stod Castello Cargeses ägare. Vid ljudet av doktorns steg, såg han upp med en blick som inte uttryckte någon större förvåning.

– Ni söker mig?

– Ja.
– Har man sagt er att jag var här?
– Nej, ingen har sagt mig, att ers nåd fanns här.
– Hur visste ni då att jag var här?
Doktor Zimmertür log ett blekt leende.
– Jag visste det därför att jag har en obetvinglig böjelse att göra dåliga ordlekar. Det är en ovana som på sätt och vis kan kallas för en yrkesrisk. En psykoanalytiker får träna sig i att följa alla de tankar som väcks till liv av ett tillfälligt utkastat ord. Så snart jag hör ett ord som gör intryck på mig, söker mitt undermedvetna jag omedelbart att finna ett parallellord till det eller en dubbelmening. Men jag skall inte tråka ut ers nåd med detaljer om min ovana. Den är lika outrotlig hos mig som skräcken för åskan var hos salig professor Spiegelmann.
Lord Huxton gjorde en grimas.
– Om någonting skulle vara i stånd att väcka honom till liv igen, sade han, skulle det vara raseriet över att kallas för salig. Men vad var det för en dålig vits som förde er hit?
– Någon nämnde ordet åska i min närvaro, svarade doktorn långsamt. Genast skenade mitt undermedvetna i väg på jakt efter parallellord. Det enda det fann, var ”teateråska”.
Lord Huxton bleknade lätt och skrattade därpå.
– Och därför störtar ni i väg till teatern!
– Ja! Mannen som nämnde det fatala ordet sade nämligen, att det hade åskat i natt. Jag har själv legat vaken över halva natten, och vet att det *inte* har åskat. Nu hade mannen, som jag talar om, händelsevis rummet bredvid professor Spiegelmanns. Ett åskväder, som kom den ene att krypa under täcket, skulle säkerligen ha en ännu starkare effekt på den andre, eftersom denne hade en oövervinnlig idiosynkrasi just för åskväder. Eller vad säger ers nåd?
Lord Huxton böjde på huvudet.
– Jag delar er åsikt.
– Jag vet att ers nåd gör det. Jag tror mig till och med veta mera.
– Vad då? frågade lorden sakta.
– Att det går ett luftschakt eller en gammal lönngång ovanför taket i de två omtalade rummen. Om den högst förvånande maskin för framkallande av teateråska, som nu står vid sidan av ers nåd, flyttades till lönngångens eller luftschaktets motsatta mynning och sattes i funktion, kom de två rummens invånare att få tillfälle att höra ett åskväder som visserligen vore ofarligt för alla andra, men inte för *deras* nerver. Om samtidigt

patentlåset på den enes dörr vore reglat utifrån, kom det inte att göra hans situation lättare... Han kom att ropa på hjälp, han kom att ringa på betjäningen, han kom att rusa omkring i rummet och slå sina knutna händer mot väggarna... Men väggarna är tjocka, och fastän de bär tydliga spår av förtvivlade slag, har ingen hört slagen. Och genom en besynnerlig slump är både det elektriska ljuset och ringledningen till just det rummet avskurna... Om då mannen som jag menar mitt i sin fasa och upphetsning plötsligt får syn på en avskyvärt ful avgudabild, som kvällen förut med avsikt ställts på kaminfrisen, så tror jag...

Doktorn tystnade. Lord Huxton, vars ansikte var onaturligt lugnt, upprepade:

– Så, tror ni att? ...

– Så tror jag, fortsatte doktorn stilla, att dessa fakta skulle räcka till för att förklara den syn som nyss mötte mig i professor Spiegelmanns rum.

Lorden svarade på ett egendomligt sätt. Med ett handgrepp satte han maskinen, som doktorn talat om, i funktion. Det var en minutiöst utarbetad apparat av läder och koppar, tydligen tillverkad i det århundrade, då man var specialist på kuriösa klockor, på automater som härmade människor och på sinnrika tortyrinstrument. Alla de löpningar, som åskan förfogar över, dånade genom rummet. Det bullrade som av tunga kanoner, det dog långsamt som en vilddjursmorrning, det brakade löst på nytt som rasande mitraljössalvor. Fastän doktorn såg ljudet födas inför sina ögon, måste han knipa sig i armen för att kunna tro att detta var sken och inte verklighet. Lord Huxton slutade sin underliga konsert med en salva så rasande att det lät som om huset störtade samman över deras huvud.

– Ni har rätt, sade han. Han, som ni kallar salig professor Spiegelmann, led av fruktan för åskan. Jag visste det redan genom min far. All fruktan är en ovärdig känsla. Om den inte undertryckes övergår den ofelbart i religion – *han* har själv bevisat det i bok på bok. Han, som hade satt sig till mål att bortoperera alla rudimentära och atavistiska känslor hos andra, förtjänade att någon gjorde honom samma tjänst. Jag beslöt att göra det. Det var inte mer än rättvist. Det var endast att gengälda honom vad han gjort för mig, när jag var barn! Och mitt ingripande kom i sista minuten! Vi fann professorn död framför den ”okände guden”. Det bevisar, hur nära han var att låta sin fruktan övergå i religion. Hade han överlevt natten, kunde man ha fruktat det värsta!

Han pekade mot ett hörn av rummet.

– Luftschaktet, som ni talade om, utmynnar där borta, sade han. Ni har lagt alla korten på bordet, och jag ger mig. Gör med mig vad ni vill.

Doktor Zimmertür svarade utan att ta sin blick från hans:

– Jag har intet att göra ytterligare. Det som har passerat blir en sak mellan er och ert samvete. Farväl!

En stund senare rullade motorbussen tillbaka mot Mentone med en passagerare mindre än dagen förut. Det väckte mindre förvåning hos doktorn än hos det övriga sällskapet att chaufförens arm återfått hela sin rörlighet under loppet av natten. En arm, som vrickas för hundra eller tvåhundra francs, tillfrisknar lätt för en dosis av samma medicin.

Professor Spiegelmanns dödsruna stod nästa dag att läsa i alla europeiska tidningar. Några veckor senare innehöll ett par av dem en notis om att lord Percy Huxton, son till den ”radikale lord Huxton”, avsagt sig titel och gods och gått in i trappistorden, vars devis är *ense, cruce, aratro* – med svärdet, med korset, med plogen.

Axel Wallengren

Absintdrickaren

Axel Wallengren (1865-96) skrev betydligt mer än bara de crazyhumoristiska stycken under signaturen Falstaff Fakir, som gjort honom till en smärre klassiker. Det är mycket möjligt att hans övriga produktion skulle ha gjort honom till en betydligt bredare klassiker, om han bara haft förmånen att inte dö i ung ålder. I novellerna framträder han som en av dekadensens få exponenter i svensk litteraturhistoria bredvid Ola Hansson. En av Wallengrens främsta inspirationskällor var uppenbarligen Guy de Maupassant.

Den franska och engelska dekadensen var ett slags nyromantisk rörelse där speciellt Edgar Allan Poe och Charles Baudelaire omhuldades; liksom deras romantiska föregångare i början av 1800-talet hade dekadenterna ett gott öga till det övernaturliga, ockulta och mystiska – allt som kunde väcka fantasin och suggestionerna till liv. Också deras intresse för psykologi tenderade att vara mysticistiskt och ockult färgad, som nu visades med tydliga exempel hos Ola Hansson i förra delen av *Svenska sällsamheter*. En virtuost skriven psykologisk spökhistoria av Axel Wallengren publicerades nyligen av Aleph i antologin *Skuggor vid aftonlampan: 30 nattstycken* (2016).

* * *

– Nej, tack, jag dricker *inte* absint! sade löjtnanten med en egendomligt stark betoning, men med ett artigt och på samma gång melankoliskt leende – det bleka, nästan automatiska leende, som blixtsnabbt och flyktigt drar över *deras* anleten, vilka ständigt har någon genomgripande sorg bakom sig att tänka på.

– Det enda jag förtär är kaffe, med en liten konjak till. Men det är ju inte lämplig tid att dricka kaffe kl. 11 på aftonen – eller *natten*, rättare sagt. Jag ber emellertid herrarna att inte fästa sig alls vid min smak... Opvarter, får jag be om en flaska seltersvatten!

Vi satt utanför d'Angleterres kafé efter en kväll på "Det Kongelige". Köpenhamns brokiga sommarnattliv brusade förbi oss i lätta, doftande böljor, som skumfradgades av vita damtoaletter och fick dunkel och djup av herrarnas mörkare dräkter.

Rent tillfälligtvis hade vi stött på löjtnanten i teaterfoajén under en mellanakt. Han var bekant med Carl Gustaf, målaren – han, som kände hela världen, utom sig själv, såsom han lekande påstod.

Att vi alla fyra sammanförts till ett aftonlag efteråt, var naturligtvis också Carl Gustafs skull – han kunde ju inte trivas om kvällarna utan ett samkväm, där han själv var den tändande gnistan – oroligt fladdrande som ett irrbloss, fast varmare och gladare...

Absint hade han föreslagit, såsom en lämplig dryck före supén. Men löjtnanten hade vägrat och vägrat så märkvärdigt skarpt, att vi liksom väntade en förklaring.

Vi lät oss emellertid inte avskräckas från vår föresats, och våra absintglas stod snart framför oss.

– Vad menar den djärve kavalleristen med sin absintvägran? sporde Carl Gustaf med sin raljerande ironiska ton. Sådan var du ju inte i Paris, gamle Örn!

– Nej, *då*... sade löjtnant Örn med samma bittra leende som först.

Som han satt där, axelbred och robust, med det mörkbruna, lätt grånande håret framkammat vid tinningarna à la hussard, krumnäsan djärvt framskjutande över de kortklippta mustascherna, och sommarsolbrun i hela det korta, kraftiga ansiktet, kunde man knappt tro att det var en löjtnant med pension – en man, som redan passerat fyrtiotalet.

Och likväl var det så. På grund av sjukdom hade han måst ta avsked långt före tjänstetidens utgång – så hade Carl Gustaf hastigt och introducerande viskat till oss.

Det var så, och vi anade alla att något låg bakom detta faktum. I hans röst och blick fanns någonting på en gång skrämmande och förtroligt, något dragande och frånstötande – liksom ett berg, sett på avstånd, lockar med vida utsikter och avskräcker med stela branter. Hans röst var dov och på samma gång klangfull, liksom han själv glimtvis föreföll bruten, trots sin nästan ungdomligt spänstiga gestalt.

– Hur kommer det sig att du deserterat från vår gamla Parisdryck? frågade Carl Gustaf med en anstrykning av otålighet, som om han hade väntat en självvillig motivering.

Örn tycktes kämpa med sig själv en liten stund. Han drack sitt vattenglas i bottnen och torkade sin pincené.

– Ja! sade han, kort och tungt.

Han satte pincenén på sig igen och såg ut över vimlet, dröjande med blickarna vid en droska, varifrån kvinnoskratt och glada mansröster hördes – droskan försvann i Östergade.

– Ja! upprepade han hastigt, liksom han ryckte sig ur drömmar. Jag kan gärna berätta det för dig, käre Carl Gustaf!

Och det kan ju också intressera dina vänner, eller åtminstone roa en stund, ehuru ämnet ingalunda är roligt för mig åtminstone. Men för det möjliga fall att vi träffas oftare här i Köpenhamn – vi kommer ju alla att vistas här åtminstone ett par månader, enligt vad jag hör – så är det kanske rent av min plikt – att tala litet om mig själv, för att undvika skev uppfattning om saker, som egentligen endast vidrör mitt privata och intima liv.

Han talade så pinsamt grammatikaliskt korrekt, liksom om han övervakade sig själv och vore rädd för att låta ett enda inte fullt adekvat uttryck eller ord undslippa sig. Vi höjde absintglasen, nästan drivna av ett behov att känna den kyliga drycken lätta intrycket av dessa egendomligt tunga ord, som hamrades in i oss av hans långsamma, metallskarpa stämma.

Bullret omkring oss började nu mattas av, tyna bort. Skaran av promenerande hade glesnat. Blomsterflickorna och tidningsförsäljarna kom nu endast mera sällan; och det sista stadsbudet vid hotellhörnet vandrade hemåt över Nytorvet med resignerade och tunga steg. Det började lida mot midnatt.

– Ja! sade Örn ännu en gång, med en skarp ryckning på axlarna.

– Så gott är det, att jag talar om det nu. Vi sitter ju ostörda, och det är ju alltid ett säreget lockande ämne för en tillfrisknad att berätta sin pinohistoria.

Han lade sin cigarr på brickan och strök sig hårt över ögonen.

– Det började med vaxkabinettet... Nej, det är sant! Jag får tala litet om det hela förut.

– Jo – jag var då ännu löjtnant vid husarerna, och just nyligen bliven förlovad med – ja, blivit förlovad, allt nog. Jag vill nämna för herrarna att jag drack rätt skarpt på den tiden, visserligen inte så, att jag blev full, annat än ytterst undantagsvis; men nog av! Spriten stod mig alltid ganska intensivt i kroppen, och jag inmundigade varje dag ofantligt mycket alkohol. Detta hade jag inte bort göra, men...

Nåväl, en eftermiddag kom min fästmö till garnisonsstaden, helt oförutsett och gick ut på exercisplatsen för att se mig föra skvadronen – under ryttmästarens permission förde jag tillfälligt skvadronbefäl den veckan. Jag hade de senare dagarna varit mera omåttlig med sprit än vanligt, och verkan hade inte uteblivit. Jag var, ledsamt nog, halvfull då jag steg till häst, och irriterad genom en liten tvist med en kamrat, en tvist, vars orsak var alldeles betydelselös.

Mitt under exercisen varseblev jag plötsligen min fästmö, och lydande en ögonblicklig ingivelse, red jag fram till henne och började ett samtal, som varade i flera minuter. Under tiden stod skvadronen stilla och väntade på mig. Till sist, då väntan blev för lång, red min närmaste kamrat fram och gjorde mig hövligt uppmärksam på att exercisen måste fortsättas. Då kom *det* för första gången: jag vände med ens, red hän till skvadronen och började kommendera igen, med ursinnig, vibrerande röst, som föreföll mig själv som en annans. Jag ansåg mig förolämpad av min underordnade kamrat, som dock hade uttryckt sig mycket juste, och jag kommenderade "i galopp!" Då fältet var tillryggalagt, kommenderade jag "helt om!" och i galopp! igen. Hur länge denna ursinniga ritt varade, vet jag verkligen inte. Då jag vaknade till besinning, stod majoren bredvid mig och hela skvadronen med flåsande och skumbetäckta hästar bakom mig. Ett par av de yngre hästarna hade fördärvats, fick jag höra sedan, långt efteråt – när jag kom ut ur arresten.

Ty jag fick arrest, och lång arrest.

Och – min förlovning blev uppslagen. Detta senare knäckte mig, eller rättare sagt, bröt mig, mycket mera än arresten. Jag började dricka ännu våldsammare än förut – det var under de åtta permissionsdagar jag var samman med dig i Paris, Carl Gustaf, som mitt absintstadium var högst. Ja – *din* skuld var det visst inte...

Men nu får jag kanske säga en sak, som spelar en viss roll härvidlag. Min far, fältläkaren, hade varit vansinnig ett års tid, och jag misstänker, att det också lade en liten, kanske inte *så* liten vikt i mitt livs vågskål.

Men det började med vaxkabinettet ändå.

Efter en lång och synnerligen ansträngande fältmanöver – hösten efter min uppslagna förlovning – kom jag hem till min garnisonsstad igen. Jag var trött på kvällen, både själsligt och kroppsligt och gick och flanerade på gatorna i en så egendomligt deprimerad sinnesstämning, att jag nästan tyngdes till jorden av den. Så fick jag höra positivtoner från ett litet tält vid västra promenaden – och gick in där.

Det var ett vaxkabinett av allra högst sekunda rang. Men på mig gjorde det intryck som ett verk av högsta konst, så illusoriskt troget, att flera av figurerna verkade som om de varit levande. Och ju längre jag gick, desto mera sammansmälte för mig gränserna mellan det verkliga och det overkliga. Till slut gled min omdömesförmåga ut ur mig, förlorad som en båt i dimma, och en ny makt grep mitt väsen. För mig antog vaxfigurerna plötsligen ett hemskt och ödesdigert liv. Deras döda ögon fick livets glöd inför mina spörjande blickar. De började allesammans se på mig, med envisa, stirrande pupiller – vart jag gick, var jag medelpunkten för deras blickar. Och till sist tänkte jag att de började tala med varandra om mig.

– *Ser du*, sade Jan Umb till en sårad zuav, *ser du hur han ser ut!?*

Dessa ord trängde fram till mig så tyst, *o, så tyst*, men jag hörde dem ändå, och jag kände hur blodet rusade åt mitt huvud.

Jag skärskådade min dräkt, från ovan till nedan, men kunde inte finna någonting besynnerligt vid den. Då såg jag mig i en stor spegel – en konvex spegel – och fann mitt ansiktes proportioner alldeles vidunderligt vanställda! Förfäran grep mig – *och åter hörde jag rösten* – denna gång från höger:

– *Ser du hur han ser ut?*

De andra åskådarna hörde inte rösterna – det märkte jag på hela deras likgiltiga vandring längs vaxfigurerna – men *jag*, jag hörde den, lika skrämmande tydligt som man hör en getings vassa surrande alldeles invid sin kind!

Jag gick åt andra hållet... Där låg en sovande, naken odalisk utsträckt på gröna sidenkuddar. Just när jag kom fram till henne, slog hon upp sina stora svarta ögon och såg på mig, medan hennes läppar rörde sig – för att säga mig något! Jag böjde mig ned över henne och lyssnade...

– Herrn skrynklar ned spetsarna! sade en röst bredvid mig.

Det var vaxkabinettets ägare; han tog mig i armen med en missbelåten min.

– *Du skrynklar ned spetsarna!* sade odalisken till mig då, mycket högt!

Jag bugade mig förskräckt, jag bugade mig två gånger.

I detsamma började den enögda bysten av Gambetta att skratta, gapskratta som en hysterisk kvinna.

– *Ser ni, han skrynklar ned spetsarna!* skrek han överljutt.

Och kronprins Rudolf och Vetsera och mannen med hundansiktet och den tatuerade azteken och den människoätande negern och Kleopatra och Napoleon den store – alla, alla ropade de med röster som åskor och rullande ögon: – *Han har skrynklat ned spetsarna!*

Då blev jag ond, ty jag *hade* inte skrynklat ned spetsarna! Och jag gick fram och slog till Napoleon, så att han föll ned från sin ställning. Men *ändå* skrek han, där han låg på golvet: – *Du har skrynklat ned spetsarna!* Då trampade jag honom i hans gula vaxansikte.

Med detsamma kände jag liksom en stor lättnad: jag hade befriat mig från en svår fiende.

Nå – jag blev utförd ur vaxkabinettet av ett par karlar. Polisen, som tillkallades, kände mig och rådde mig att göra upp i godo – man trodde att jag var berusad, förstås.

Mannen, som rådde om vaxkabinettet, låtsade sig gråta och begärde 50 kr. Jag gav honom 60 kr, stolt som en furste. Jag var till mods som om jag hade vunnit en stor seger, ja, jag trodde att jag skulle få någon belöning för min bedrift.

Hur jag kom hem, minns jag inte. Men när jag satt hemma, föll med ens en så kvävande ångest över mig. Jag vred mina händer, kved och grät, tyckte mig vara övergiven av alla och blev rädd för tystnaden i mitt rum. – Tala! skrek jag till ett porträtt av Moltke, som hängde över mitt skrivbord. Men han teg, tycktes bara plira med sitt smala, skrovliga kärringansikte och hånskrattade åt mig. – Ingen tröst! *Ingen tröst!* ropade jag högt. Då föll mina blickar på en absintflaska, som stod i hörnet vid byrån. Jag grep den mekaniskt – det var visst den rödgröna etiketten som lockade mig – och jag slog upp ett dricksglas med två tredjedelar absint och resten vatten. Jag tömde blandningen i ett drag.

Men ändå ville inte ångesten lämna mig strax. Jag fick sikte på min bokhylla, och ögonblickligen grep mig en okuvlig tvångsföreställning: finns där inte tjugotvå, ja, just tjugotvå, böcker på varje rad, är jag förlorad!

Genast började jag att räkna och flytta om, men det hjälpte ej: på den sista raden blev aldrig mer än femton böcker.

Jag försökte överlista mig själv, och satte dit gamla annotationsböcker, medan ångestsvetten rann av mig i strömmar.

Till sist var de tjugoen. En enda bok till – en enda, en enda!!!

Då fick jag syn på något rött under ett smalt pappersark. Det är en bok! tänkte jag. Men denna gång måste det vara en verklig bok, annars hjälper mitt knep med notisböckerna platt intet? Vad kunde det vara för en bok? En röd bok – det måste vara en handbok för eldsvådor! Ack, om det vore så! tänkte jag med tvekande jubel. Då är jag räddad!

Försiktigt, mycket försiktigt, som om det gällt att gripa en fjäril, lyfte jag pappersarket från den mörkröda boken. – Det var ett ”Bihang till tulltaxan”. Jag var alltså förlorad.

En stel förtvivlan grep mig. Men jag ställde ändå upp boken på hyllan, löst och osäkert, så att den lätt kunde falla ned av sig själv. Faller den inte ned inom två minuter, är jag hjälpt – tänkte jag.

De två minuterna gick under outsägliga kval. Mitt hjärta slog i dödsångest, och mina ögon stirrade stelt på den röda boken. *Nej!* Den föll inte ned! En gräslig smärta, som av en kniv for igenom mitt huvud blixtsnabbt. Därpå kom ett slags ljuv dvala...

När jag åter slog upp ögonen, hade min ljuvliga sömn varat ett par timmar, tror jag, ty mitt ljus var nästan nedbrunnet. Jag var mycket matt, men tände ett nytt ljus och såg mig omkring.

Plötsligen började det susa runt omkring mig. Blommorna i tapeternas mönster svängde av och an, vilt och smattrande som hagel, till sist blev det fullständig storm, så att ljuset flämtade. Jag sprang upp i svart skrämsel, och slog upp ett bräddat glas absint och drack ur det. Och strax började doften att komma...

Doften, doften från tapetblommorna, sugande och söt som jasmindoft, tung som vårnarcisser och stark som syrenernas ånga. En vällukt som av Paradisängder böljade genom hela min kropp, genom hela min själ, och jag njöt som då jag älskade första gången. Och ur doften kom ett mörkögt, härligt kvinnoanlete fram och såg på mig med stora, ömma ögon... Du älskade, innerligt älskade! mumlade jag tyst. Och jag kände hur hon kysste mig i sömn med varma läppar, och jag bredde ut armarna mot henne, och jag sjönk ned med henne, den Enda, i silkeslen sällhet...

Han tystnade och hans hand grep nervöst om vattenglaset och lyfte det till läpparna. Men det var tomt, och han satte det ned med en hastig rörelse tillbaka. Ett viskande kärlekspar gick förbi oss – hon mjukt och klängande lutad mot hans sida, och han vridande sin ljusa mustasch med ett belåtet och skämtsamt leende.

Örn såg efter dem – och fortsatte åter nervöst:

– Ja, vad det doftade från tapeternas mörkgula blommor!

Men nu först var det som drakarna på kakelugnsornamenten började att röra på sig och kröka sina klor.

Och mitt under min ljuvaste lycka väste de till, så att min odalisk försvann som en dimma ur mina armar. *Och med ens klyvdes mitt jag i två väsen.*

Det ena, *jag själv*, låg kvar i sängen, i ångestsvett och fasa, med av skräck skallrande tänder, medan det andra, *mitt mäktigare jag*, såsom en liten röd, formlös företeelse, med flugfötter klängde smygande uppför de glatta kakelskivorna på ugnen för att nå upp till kakelugnsspegeln, som var överflätad av spröda porslinsornament, liksom krokangrannlåt. Och mitt lilla mäktiga, röda jag kröp uppåt och uppåt, för att kasta en blick in i spegeln.

Drakarna väste och klöste, men jag nådde dit upp ändå, ändå! Och då såg jag i spegelbiten en stor, gyllene stad i fågelperspektiv – *och den staden var min!*

En berusad känsla av världsmakt, av obegränsat herradöme for igenom mig som en eldström. Jag sprang upp, satte min képi på mitt huvud, och skrek i högan sky: – Jag är världens ende herre! Jag är den store Napoleon! Därpå började jag med min sabel krossa föremålen i rummet, för att visa och känna min makt...

Vad sedan skedde, vet jag ej...

Jag minns endast olidliga stunder, då kallt vatten rusade ned för hela min kropp, allt medan jag tjöt ursinnigt. Jag minns också stunder av ändlöst mörker, då min blick endast då och då svagt förnam intrycket av ett berglandskap med militärer och hästar, medan någon, som till hälften var jag själv, satt i Napoleons gråa uniformskappa på en liten orolig häst, vilken jag hade svårt för att få framåt. Jag minns också stunder, då jag skrek högt för mig själv: – *Sluta då en gång med detta gräsliga skämt!*

Men mest och intensivast minns jag likväl de stunder, då jag tyckte mig stå under ett vattenfall, såsom en livsdömd man, och vråla om nåd emot stängda dörrar och slutna öron... Och det var något av blod också, men jag vet inte rätt hur *det* var...

Jag var i ett dårhus.

Till sist, en dag – årtusenden efter mitt inspärrande, tyckte jag då – efter mitt insjuknande – minns jag att jag gick insvept i en filt genom korridorerna, jag skulle i badet. Men vid varje dörr som jag passerade förbi varseblev jag *mig själv* stå, klädd i uniform! Detta berättade jag för min väktare, och då sade han kort och lugnt: det är en hallucination. Bevisa det! bad jag. Han räckte mig en liten fickspegel och jag såg då att jag själv var insvept i en filt, medan *de andra* hade husaruniform. Det slog mig som en blixt, att det var blott en synvilla – och nästa gång jag såg på mina gengångare bleknade de bort, och försvann alldeles efter ett par dagar.

– Ja – och kort därpå var jag frisk... Och kom ut. Doktorn sade att det hela berodde dels på ärftliga anlag, dels på själssorg och dels på alkohol. Men jag har sedan dess aldrig förtärt absint – och annan spirituosa endast i ringa grad; naturligtvis är absint inte farligare för mig än andra drycker, men ni förstår: det sista minnet... Och kvinnor – inte kan *jag* tänka på kärlek!

Han skrattade ett bittert och kort skratt.

– Vad det ”ärftliga” angår, fortfor han – ja, det är sin egen sak, *där* är jag inte herre.

Men jag har nu *en* gång varit hinsidan det verkliga livet, *en* gång andats dess tunga luft och känt den kvävande gravdoften av döda själar runt omkring mig. Jag har känt det stora mörkrets armar pressa mitt tunga hjärta, jag har en gång varit *hinsidan mig själv* – och jag ser nu på det nya livet som en räddhågad Lazarus...

Han tystnade. Och i bottnen av hans dunkla blick blänkte som en brandgul låga den tanken: när skall *det* komma igen?

Juninatten tätnade, mörk och kvalmig omkring oss, och en uggla skrek gällt från esplanadens kastanjedunkel.

Hugo Öberg

Dvärgen

Hugo Öberg (1872-1934) hade publik framgång som författare, men de biografiska upplysningarna är minst sagt magra, vilket gör honom och hans bortglömda författarskap smått gåtfullt idag. Denna novell kommer från samlingen *Drömdt och händt* (1914) där Öberg drar nytta av det dåtida intresset för vårt undermedvetna och drömmarnas språk (jämf. med Frank Heller i denna antologi), och han gör det på ett lugubert och skräcklitterärt sätt. Glidningarna mellan verklighet, symbolik och allegori, mellan dröm och vaka, påminner starkt om Gustav Meyrink (1868-1932) som hade börjat uppmärksammas också i Sverige vid denna tid, men om Öberg verkligen var påverkad av Meyrink är en öppen fråga.

* * *

Advokaten hade haft en orolig natt med elaka drömmar. Och när han efter fullbordad toalett släppte upp rullgardinerna i sitt sovrum, blev han riktigt kuslig till mods, så underligt främmande syntes honom hans vanliga utsikt genom de rakt nedhängande, broderade tyllgardinerna.

Husfasaden mitt emot skymtade grå och dyster i snöyran, som piskades genom den trånga storstadsgatans passage av ilarna från den bitande nordanstormen, och ur skorstenarna på takräckan virvlade spisrökarna i kapp med bleckens långa strängar av torr strösnö. Termometern visade 20 grader kallt, och uppe i utsiktens himmelsstrimma skönjdes genom små jagande moln januarimorgonens dager med ett blekgrönt, iskallt, svagt sken som på en annan planet längst bort i den kallaste världsrymden.

I hög grad olustig gick advokaten ut i sitt bibliotek och lät sin hushållerska servera sig morgonkaffet, medan han nervöst ögnade igenom tidningarna. De innehöll några affärs- och rättegångsnotiser, som alldeles inte var ägnade att lugna hans upprivna tillstånd, utan tvivel framkallat av överansträngningar under de senaste veckornas forcerade arbete.

Gång på gång måste han titta uppåt himlen, som visserligen klarnade allt eftersom solen steg, men i hans tycke fortfarande hade ett ohyggligt kallt, isgrönt och spöklikt gryningssken från en död världsrymd. Och hela förmiddagen under mottagningen i arbetsrummet och förrättningarna ute erfor han en beklämning, som inte lät skingra sig av de stimulerande förfriskningar han för köldens skull och för att kunna stå ut med dagens ovanligt jäktande uppdrag intog på en och annan bar i staden.

Fram på aftonen hade dock hans tryckta stämning lättat litet, och uttröttad av sina många bestyr stämde han efter middagen möte med en vän på sin vanliga kvällsrestaurang.

De båda herrarna brukade i vanliga fall underhålla sig helt livligt med varandra, ehuru de var tämligen motsatta naturer. Advokaten var trots sitt fantasifulla och nervösa temperament en energisk skeptiker, medan hans vän docenten i filosofi bakom sin reserverade, nästan slöa yta dolde en känslig och grubblande mystiker, för vilken all positivism innebar en god portion enfald.

Denna afton var det advokaten som satt tankspridd och eftersinnande.

– Jag känner inte igen dig i kväll? sade filosofen med en forskande blick. – Du är dig inte lik, vad är det som trycker dig?

Advokaten drog litet tungt efter luft. Så svarade han efter en paus: – Det är märkvärdigt, men jag har verkligen hela dagen haft en förkänsla av något obehagligt, som ska hända mig. Nyss var det bättre, men nu har det kommit igen. Du vet, att jag inte brukar kokettera med sådant i onödan.

Filosofen gjorde en min, men sade ingenting mera i saken, och under tystnad läppjade de båda herrarna på sina glas.

Efter att en stund ha pratat om likgiltiga ting, utbrast slutligen advokaten:

– Se, kommer han inte där igen, den olyckan! Måtte han bara inte få syn på mig!

Filosofen följde den andres blick och såg en puckelryggig man med ett dvärgliknande utseende inträda i lokalen.

Mannen hade ett mycket stort huvud med en verklig pälsragg till hår, platt, bred näsa och en enda till öronen uppskuren mun med tjocka, bruna mustascher. Hela hans utseende med den ovanligt höga puckeln och axlarnas bredd, de långa armarna och de korta benen med sina väldiga fötter verkade i högsta grad groteskt och frånstötande. Därtill kom att ansiktet hade ett halvrusigt, belåtet och halvfånigt uttryck, som grinade i kapp med den smaklösa och bondgranna halsduken i västens urringning.

Det lilla vidundret tycktes emellertid inte observera de båda herrarna, utan slog sig ned i ett annat hörn av lokalen.

– Stackars karl! sade filosofen vemodigt.

– Ja, ja, visst är det synd om honom, men han är också alldeles ovanligt otrevlig! tog advokaten i. – Jag känner honom gunås, han pratar alltid en massa olidliga dumheter, när vi råkas, och full är han för det mesta. Så späckar han sina långa haranger med detta rysliga "sa han", "sa jag", "sa hon", som en del folk begagnar i vartannat ord, när de ska berätta något. Det fastän han är student och borde ha en smula urskillning!

– Vad har du gjort karlen, efter du avskyr honom så grundligt? avbröt filosofen den andres otåliga utbrott.

Advokaten såg först förvånad ut över vännens inpass, så återtog han lugnare:

– Ja, jag har verkligen gjort honom något en gång. Vi var skolkamrater, och jag fick låna en bok av honom, som jag aldrig kom mig för att lämna igen. Det var i andra klassen, han har glömt det för länge sedan, men jag glömmer det aldrig, och varje gång jag ser honom, förargar det mig, att jag, juristen, ska ha något på mitt samvete gentemot en sån där dekisfigur!

– Det kan inte vara den verkliga orsaken, invände filosofen lugnt.

– Nej, naturligtvis inte! tog advokaten upp igen. – Det ligger mera under en sådan antipati, och i det här sammanhanget är det nog ett slags rasagg. Vi var som sagt skolkamrater, utfattiga båda, men jag var av god familj och att döma av gamla fotografier en vacker pojke, medan han tillhörde rena rama underklassen, andligt och lekamligt taget, och såg ut som en neanderthalare. Vi följdes åt en bit genom klasserna, men sedan sackade han av och blev efter. Jag tog studenten och kom till universitetet och glömde bort honom, men en vacker dag dök han upp som student och skulle bli jurist han också. Nu hade han fått de mest vedervärdiga uppkomlingslater och verkade mera underklass än någonsin i den onaturligt stora studentmössan. Mig försökte han envist hänga efter och kom alltid emot mig med truten i ett brett fångrin och en glimt i ögat som om han ville säga: jag ser nog att du är stram, men vi kan vara lika goda kålsupare, tycker jag! Din farsa hade det inte bättre än min, fast han skulle vara överklass, gubevars. Och för resten har du stulit en bok från mig, men det ska vi gömma på så länge, tills rätta ögonblicket kommer.

Advokaten höll inne och smuttade på sitt glas. Så fortsatte han:

– Ja, det där sista var troligen bara inbillning av mig, för han kom naturligtvis inte ihåg den där historien. Men jag började så småningom att avsky karlen och gjorde allt för att låta honom förstå det. Antingen han begrep det eller inte, så låtsade han om ingenting och fortsatte att plåga mig med sitt eviga "sa han, sa jag, sa hon", tills jag en gång blev utom mig och bad honom dra åt skogen. Då kom det fram, inte det där om boken, utan puckelns hat mot den välskapte, den andlige underklassarens agg mot den andlige överklassaren, skolkamratskapet och hela ramsan! Men sedan tog jag min juris kandidat och trodde mig räddad både från det ena och det andra. För han måste avbryta sina studier och försvann från mina vägar. Jag var lugn, tills han återigen dök upp här i stan och hade kommit in i något verk. Nu får jag aldrig vara i fred för honom!

Filosofen ryckte på axlarna:

– Träffade du honom på en obebodd ö, skulle du kanske ta honom i famnen!

– Nej, jag hatar honom och önskar att han dog! bröt advokaten ut. – Han förföljer mig, den där dvärgen, och vill åt mig. Nu förstår jag också varför jag hade känningar av något obehagligt, som skulle drabba mig i dag, det var naturligtvis det där trollet!

Filosofen stirrade tyst. Så sade han allvarligt:

– Akta dig för överord, man ska inte utmana! En vacker dag kanske det där trollet kommer att spöka värre för dig än du tål vid, om du så där nedkallar ont över det!

Advokaten teg, men det gick en lätt rysning över honom, och om en stund utbrast han:

– Det var en satans dag, det här! I morse tyckte jag, att jag vaknade på en annan planet, så spöklik syntes mig dagern. Och nu tänker jag bara på dvärgar och bårhus och gröna lik! Kom så går vi på en annan lokal, här kan jag inte sitta!

– Gärna det! sade filosofen lugnt, och så gick de.

Advokaten visste egentligen inte hur han kommit in i den stora anatomisalen på institutet, där *det ryktbara missfostret*, dvärgen med nästan felande själsförmögenheter, skulle i vetenskapens intresse dissekeras, medan *det ännu levde.* Men detta förvånade honom inte lika litet som den omständigheten, att det var hans vän filosofen, som skulle demonstrera fallet för de samlade vetenskapsmännen. Emellertid, när han kom längre fram i salen och fann, att man redan placerat hans puckelryggige skolkamrat med sitt oformliga huvud och den förkrympta kroppen på undersökningsbordet, kunde han inte låta bli att blanda sig i diskussionen och vände sig till sin vän filosofen med en förbön för den stackars idiot, som nu skulle undergå en så hemsk tortyr. ”Jag tycker ändå att man åtminstone borde söva honom!” slutade han sitt anförande. ”Äh”, svarade filosofen kallt, ”så kinkigt är det inte, hans enastående kroppsbeskaffenhet och den fullständiga frånvaron av ett högre själsliv gör, att han inte kommer att plågas så som fallet skulle vara med en vanlig människa. Ja, det förstås ju, *något kommer han alltid att känna*, men det är ingenting att fästa sig vid. Om vi sövde honom, skulle vi kunna riskera att hela undersökningen blev utan resultat." Obehagligt berörd av detta känslolösa svar på en vädjan från en gammal vän, försökte advokaten att mellan de många borden med glasskålar och instrument ta sig ut igen, men befann sig efter en stunds trevande i en dunkel labyrint av gångar åter inne i salen och tätt inpå operationsbordet, ensam med föremålet för vetenskapens intresse. De andra hade lämnat rummet efter väl förrättat värv. Ja, de hade *redan varit där*, och den lilla stackaren låg visserligen som förut, men *nedanför den högt uppstående bröstkorgen var ett tomt svalg, vars inälvor låg runt omkring i skålar och burkar med konserveringsvätska.* Märkvärdigt ändå, att den lilla kroppen kunnat rymma så mycket. Advokaten blev stel av medömkan, så ohyggligt var intrycket. Men det skulle strax bli värre, *ty nu lyfte plötsligt den lille* sin *ena hand och kände på sin tomma mage.* Håret reste sig på advokatens huvud och han ville skynda därifrån, men blev stående isad av fasa. Dvärgen började nämligen röra på sig och tycktes *ämna sig ned från bordet.* Advokaten hörde *ett skramlande* ljud och märkte nu med obeskrivlig ångest att *offrets ben var skeletterade.* I nästa nu kom vidundret på något sätt ned från bordet, men *sjönk med ett slammer ihop i en hög på golvet.* Då försökte advokaten med uppbjudande av hela sin styrka att skrika, men fick bara fram ett svagt kvidande och – vaknade!

Vaknade med bultande tinningar, ångestsvetten sköljande över ansiktet och ristande smärtor i magen och högra sidan.

Med svårighet vred han sig, så att han kunde tända den elektriska sänglampan och se på klockan. Det var morgon och tid att stiga upp.

Vilken dröm! tänkte advokaten, ännu med omtöcknat medvetande. Vilken förfärlig dröm! Eller drömmer jag kanske än? Men jag har ju värk i magen, jag är sjuk, jag är vaken!

Han ringde på sin hushållerska och låg orörligt stirrande. Det är det där i går kväll som har spökat i drömmen, tänkte han. Och den här maran går nog genast över, bara jag får se en människa.

Hushållerskan steg in.

– Släpp upp gardinerna! sade advokaten. Hurdant är vädret?

– Det är som i går, nästan värre! sade hushållerskan och gick och släppte upp rullgardinerna.

Advokaten vred på huvudet och såg samma utsikt som dagen förut med yrande skorstensrökar och snövirvlar mot en kall, isgrön gryningshimmel, hemsk som den eviga döden.

Ett ögonblick fick han en svindlande föreställning om att denna rysliga morgon var samma en som dagen förut, och att han drömt *alla* sina upplevelser sen dess. Men så kom han till sig och sade i sin vanliga bestämda affärston:

– Jag är sjuk i dag, var god och ring efter doktorn genast och be honom komma så fort han kan.

Sedan låg han orörlig med slutna ögon, tills doktorn om en stund anlände.

Doktorn gjorde sin undersökning och ställde snart diagnosen:

– Det är en blindtarmsinflammation. Vi måste genast ringa efter en bil och fara till sjukhuset.

Advokaten kände sitt hjärta stelna av ångest, inte så mycket för den stundande operationen som för det påtagliga sammanhanget med drömmen.

– Ska jag på operationsbordet? försökte han streta emot. – Är det verkligen så farligt?

– Nej, om vi skyndar oss, blir det inte så farligt, svarade doktorn torrt, men på operationsbordet måste advokaten och det i denna dag.

Advokaten stirrade på doktorn. Så sade han:

– Drömmer jag inte det här, doktorn? Doktorn log ett läkarleende och svarade:

– Nej, det är så verkligt det kan vara.

Advokaten slöt ögonen och låg tyst.

– Så verkligt det kan vara, ja! upprepade han dovt. – Så verkligt det kan vara! ...

Runar Schildt

Asmodeus och de tretton själarna

Runar Schildt (1888-1925) var en uppmärksammad finlandssvensk författare av realistiska romaner och noveller, men med tydlig smak för det fantastiska. En av hans största framgångar var det skräckromantiska kammardramat *Galgmannen: en midvintersaga* (1922), om en överste Toll som äger en liten trägubbe, täljd ur stocken på en galgbacke, och som uppfyller ägarens alla önskningar till priset av dennes själ. Enda möjligheten att undvika evig förtappelse är att sälja trägubben vidare till ett pris lägre än den inköptes för; men hur kan överste Toll göra det när han betalade för gubben till priset av det mest värdelösa på Jorden, ett sandkorn? Pjäsen är uppenbart inspirerad av Friedrich de la Motte Fouqués novell *Das Galgenmännlein* (1810; "Den lille galgmannen"), som publicerades på svenska i boken *Ny samling folksagor* (1874; ny uppl. 1896), en berättelse som också gav Robert Louis Stevenson uppslaget när han skrev den klassiska skräcknovellen *The Bottle Imp* (1893). Läs vidare i Rickard Berghorns efterord till Fouqués roman *Undine* (Hastur Förlag, 2012).

Schildts pjäs *Galgmannen* blev film 1945 i regi av Gustaf Molander, och var också en av Ingmar Bergmans tidiga teateruppsättningar. Med kortromanen *Asmodeus och de tretton själarna* (1915) slog den vanligtvis svårmodige Runar Schildt sig lös i avancerad fantasy med scener från Helvetets sociala organisation och vardag. Författaren hade säkert roligt när han skrev denna farsartade skröna.

I.

De himmelska härskarornas hierarki är ju tämligen allmänt bekant, men detta kan knappast påstås om motsvarande förhållanden i Underjorden eller – som våra förfäder på sitt rättframma vis brukade säga: i helvetet.

Jag anser det därför lämpligast att börja med en liten karaktäristik av Asmodeus, hjälten i denna uppbyggliga historia.

Enligt noggranna beräkningar, som i sextonde århundradet verkställdes av den lärde och fromme professor Martinus Borrhaus, uppgår djävlarnas antal till inte mindre än 2 665 866 746 664. Det blir då utan vidare klart att de inte alla kan vara av samma betydenhet eller ens socialt likställda. Nej, även här förefinns en samhällsstege med otaliga pinnar.

Asmodeus har fått plats på en av de allra översta; det vill säga att han innehar ungefär ärkeängelsrang. Här på jorden skulle han kunna göra anspråk på furstevärdighet inklusive predikatet Durchlaucht.

Asmodeus är också en av Underjordens mest framstående och betrodda män. Han har under tidernas lopp blivit skickad upp till jorden i de mest delikata och invecklade uppdrag och städse utfört dem till sin potentats fullständiga belåtenhet. Då man emellertid på senare tider inom Underjordens ledande diplomatiska kretsar börjat hylla den tvivelsutan riktiga principen, att även de yngre förmågorna bör få pröva sina krafter i angelägenheter av stor vikt, har Asmodeus under de sista femtio åren njutit ett välförtjänt och nästan oavbrutet otium cum dignitate, vilket dock ingalunda bör förstås som om han på något sätt vore emeritus. Det är inte alls länge sedan han roade sig med ett litet kärleksäventyr i Danmark, som visserligen inte avlopp alldeles triumfalt för honom; men å andra sidan har man anledning anta, att Overskou givit en skev och ofullständig bild av tilldragelsen ifråga. Syftet med denna förvanskning är inte svårt att uppdaga: människorna skryter gärna med att de besegrat och lurat Underjordens representanter helt enkelt för att överskyla sin egen svaghet. I det följande skall vi se i vad mån människobarnen är i stånd att motstå mörksens väldigheter.

* * *

Härom året inträffade det en torsdag i medlet av maj (jag vill påpeka att man i Underjorden av praktiska skäl accepterat en mängd jordiska sedvänjor och sålunda till exempel följer den gregorianska kalendern), att man i huvudstaden Belzebubia på sedvanligt sätt högtidlighöll årsdagen av Belzebubs tronbestigning med en lysande officiell festivitet. Asmodeus deltog naturligtvis i hyllningarna. Hans bröst var översållat av ordnar – även sådana som han på jorden fått mottaga av tacksamma furstar, dem han tjänat för att få i sitt våld. Hans svans var nästan pinsamt väl friserad och hans horn så omsorgsfullt polerade som det hövdes hovets arbiter elegantiarum.

Dylika officiella festligheter anses ju här på jorden lika oundgängliga som dödande tråkiga. Förhållandet är absolut detsamma i Underjorden. Tid efter annan yppade sig i Asmodei aristokratiskt formade käkpartier skandalösa tillbud till gäspning, som han emellertid kvävde lika snabbt och skamset som om det gällt ett lönnlagt foster.

Supén intogs i den praktfullt dekorerade Basaltsalen, populärt kallad Svarta havet. Vid de dignande borden, som tillsammans bildade ett väldigt pentagram, satt bänkat allt vad Underjorden äger av börd och rang. Serveringen ombesörjdes uteslutande av före detta konungar, som för tillfället befriats från sina ordinarie straff.

På grund av de många talen och toasterna drog supén ut till efter midnatt. (Underjorden består sig med en sol av hamrat guld och en måne av platinalegering, vilka drivs av ett sinnrikt urverk så att de troget följer sina förebilder på himlavalvet. Man kan därför med fullt skäl tala till exempel om midnatt även här.) Med en lättnadens suck, som likväl inte antog synbara proportioner, varseblev Asmodeus omsider att Hans Djävulska Majestät behagade dra sig tillbaka till de inre gemaken.

I detsamma föddes en lysande idé i Asmodeus' fruktsamma hjärna. Han skyndade fatt sin gamle vän Aziel, hovmarskalken, drog honom avsides och föreslog ett litet nachspiel på tumanhand.

Aziels ansikte klarnade märkbart, men blott för att åter mulna i nästa sekund. Förslaget tilltalade honom otvivelaktigt, men han åtnjöt inte likt Asmodeus det ogifta ståndets företräden. Hans gemål var en amper dam, vars anor i mångfald endast kunde jämföras med de skäggprydda vårtorna i hennes ansikte. På grund av inbillad sjuklighet höll hon sig mest sängliggande, men hon hade den pinsamma vanan att konstatera den faktiska tidpunkten för hovmarskalkens hemkomst på nätterna och sedan jämföra sina iakttagelser med uppgifterna i den officiella tidningen, som i överdrivet undersåtligt nit meddelade klockslaget då hovets festligheter avblåstes.

Det tarvades inte litet av Asmodei kända och högt skattade diplomatiska förmåga för att övertala hovmarskalken. Slutligen gav han dock med sig, och det beslöts att de båda herrarna skulle bege sig till Aziels villa.

Härmed avsåg hovmarskalken alldeles inte det luxuösa marmorpalats vid stranden av Stora Svavelsjön, som hans gemål medfört i hemgift. Nej, Aziel hade i största hemlighet låtit uppföra ett litet jaktslott, ett förtjusande loving-home, Buen Retiro benämnt, långt borta i de vilda och pittoreska nejderna kring Krakatoas sprängda krater.

Här tillbragte hovmarskalken sin week-end så ofta det sig göra lät, det vill säga så snart han kunde hitta på någon tjänlig nödlögn som gick i marskalkinnan. Här vilade han ut från statsbekymren och societetslivets vedermödor, och här var det som han stundom – men ack! så alltför sällan – fann tillfälle att söka tröst för sitt äktenskaps alla vedervärdigheter i en charmant liten amourette.

Asmodeus och Aziel väntade tills alla de trehundra gästerna avlägsnat sig. (Inte ens i helvetet går man nämligen fri för skvallrets giftiga hydra.) Med tillhjälp av en slav, som råkade vara före detta påven Johannes XII, drog de på sig sjumilsstövlarna och styrde kosan mot Krakatoa. Inom fem minuter var de framme; detta anses i Underjorden som en lång och besvärlig promenad, ty vanligen färdas man på ryggen av en meteor.

Nu var det snart ett år sedan hovmarskalken senast besökt Buen Retiro. Hans sista eskapad hade på något outgrundligt sätt kommit till gemålens öron och medfört de allra svåraste följder, ehuru hovmarskalkinnan ingalunda uppdagat hela sanningen. Aldrig mer hade Aziel vågat återse den förtjusande lilla dansösen.

Medan hovmarskalken öppnade bakporten till slottet, överväldigades han av minnen ända därhän, att handen darrade och en suck bröt fram.

– Tempi passati! viskade han till Asmodeus, som böjde sitt huvud i stumt deltagande.

Någon betjäning fanns inte att tillgå – Aziel ansåg det säkrast så. Mer än en av hans vänner hade genom oförsiktighet fullständigt råkat i vantarna på sin betjäning. Kammarherre Azazel till exempel hade ända från slaget vid Hastings till Krimkrigets dagar varit offer för en den skändligaste chantage från en portvakts sida, tills han i grund ruinerad och bruten till kropp och själ fick anhålla om en fri plats på gubbhemmet.

Sedan hovmarskalken installerat sin gamle vän i en bekväm klubbstol med sidenfodrat hål för svansen, begav han sig ut på spaning efter något drickbart. Efter en stund återvände han med en storbukig karaff eldvatten till grogg samt ett par spindelvävshöljda buteljer sjuhundraårigt vulkaniskt vin från Vesuvius' sluttningar. Detta berömda vin härstammade ursprungligen från hans svärfars ryktbara vinkällare och var känt bland alla Underjordens finsmakare.

Några timmar förflöt nu på angenämaste vis. De gamla herrarna tävlade i vågade anekdoter och skarpsinniga utrikespolitiska omdömen. De upplivade sina stolta minnen från äventyren med Faust och från inkvisitionens dagar, då de ännu stod i sin mannaålders fulla kraft och skördade ovanskliga lagrar.

För vart och ett av dessa minnen skålade de och tömde sina glas i botten. Detta var en sed som hovmarskalken höll alldeles särskilt på, ty det var en reminiscens från kulminationspunkten på hans diplomatbana:

den tid då han som ministre plénipotentiaire ledde Underjordens arbete i Skandinavien och Finland.

De två flaskorna var snart tömda, och då hovmarskalken inte visade någon större benägenhet att uppoffra mer av den dyrbara varan, övergick de båda gentlemännen till eldvattensgroggar. Måhända råkade de brygga sina groggar alltför starka i den sparsamma belysningen, som utgjordes av en enda liten blekröd S:t Elmseld; säkert är att spriten efterhand bemäktigade sig de gamla herrarnas hjärnor och färgade deras syn på tingen, liksom den skruvade upp deras lågmälda konversationston åtskilliga streck. Festbanketten på Kungliga slottet hade som alla dylika tillställningar med obligatorisk massutfodring haft den egenheten att lämna gästerna mer hungriga än de kommit, och som bekant inverkar alkoholen med dubbel styrka på en tom mage.

Endast sålunda kan det förklaras att den annars så otadlige Asmodeus, den korrektaste bland de korrekta, plötsligt gjorde sig saker till en lapsus linguæ, som kom att medföra ganska egendomliga följder.

– Oss emellan sagt, sade han, anser jag att vår verksamhet i många länder bedrivs rent av upprörande illa. Jag ser ingen metod i ledningen, inga djärva initiativ! Hur skall man annars kunna förklara den klena tillförseln av själar till exempel från Finland? Under de sista femton åren har siffran visserligen stigit, men det är egentligen inte vår förtjänst, och fortfarande är skörden ett intet mot vad landet borde kunna avkasta.

Vinets tunga röda slöja hade lagt sig över Asmodei annars så klara blick; han varseblev därför inte det förändrade uttrycket i hovmarskalkens ansikte. Det var nämligen precis femton år sedan Aziel avgått från ambassadörsposten i nordanländerna och utnämnts till sin hovcharge.

– Käre vän, sade han så lugnt han förmådde, ni glömmer alldeles att ta med i räkningen de svårigheter som möter vårt arbete i Finland: den lutherska vidskepelsens stora utbredning, lantbefolkningens enkla levnadsvanor och den totala frånvaron av storstäder. Dessutom tycker jag verkligen inte det lönar sig att slösa alltför stor omsorg och möda på ett så glest befolkat land, när vi har fullt upp med bekvämt arbete i miljonstäderna.

Den bristfälliga logiken i hovmarskalkens yttrande eggade Asmodeus till förnyade angrepp.

– Ni medger således i alla fall, min käre hovmarskalk, att det inte arbetas tillräckligt energiskt i det finländska distriktet och att vår representation där är illa organiserad!

– Nej, svarade Aziel med hetta, det medger jag absolut inte.

Och nu visade sig stormvarningen i hans ansikte: en spasmodisk ryckning kring näsroten och i ögonvrårna.

– Då pratar ni i kors, konstaterade Asmodeus lugnt.

– I himmeln! skrek Aziel och stampade med bockfoten så att glasen klirrade på bordet.

Denna starka och rent ut sagt ganska vulgära svordom bragte med ens de båda gentlemännen till insikt om att de förgått sig. De reste sig därför samtidigt och såg varann så pass fast in i ögonen som omständigheterna det medgav.

– Pardon! sade hovmarskalken.

– Pardon! sade Asmodeus.

Ty även i helvetet är det förnämt att späcka sitt tal med franska glosor.

– Jag beklagar att jag förivrade mig, sade hovmarskalken artigt och satte sig åter.

– Och jag, sade Asmodeus, är villig att återta alla de yttranden, som från formell synpunkt kan ha varit kränkande för er, högtärade vän. Men i sak ser jag mig tvungen att vidhålla min åsikt. Jag föreslår därför att vi löser tvisten genom ett litet vad.

– Eh bien? sade hovmarskalken intresserad.

Passionen för vadhållning och hasardspel, som behärskat Aziels sturm-und-drang-period, hade sedermera genom gemålens åtgärder förvandlats till en förträngd affekt.

– Jo, fortfor Asmodeus, jag har tänkt mig det så här: jag beger mig till Helsingfors, slår mig ner likgiltigt var, och inom tre dygn skall jag förmå ett dussin personer av vad stånd och villkor som helst att skriftligen testamentera sina själar åt oss.

(Behöver jag påpeka att man i Underjorden räknar tretton på dussinet?)

– Tretton själar – skriftligt – tre dagar – resumerade hovmarskalken. – Jag antar vadet, men vad gäller det?

– Jag håller min andel i Titanics last och min nya osynlighetsmantel mot Buen Retiro.

Hovmarskalken funderade.

– Nej, sade han, Buen Retiro är mera värt. Om jag vinner, så måste ni dessutom avstå er frisör åt mig. Han gör ett briljant arbete.

– Det gör han, sade Asmodeus smickrad, och dessutom har han ett visst affektionsvärde. På jorden hette han Ludvig XIV, som ni kanske vet. Men låt gå! Jag är säker om att vinna! I morgon klockan tolv på dagen ger jag mig av och är således tillbaka måndag middag.

De gamla gentlemännen räckte varandra handen, tömde sina glas för sista gången och krossade dem högtidligt.

Därpå gjorde de skyndsamt uppbrott och begav sig tillbaka till Belzebubia.

Hovmarskalken slokade märkbart på svansen då de skildes utanför hans praktfulla krysolitpalats. Han tänkte på gemålen som låg därinne och glodde på sin nattklocka. Detta ur hade visare och siffror i självlysande färger; marskalkinnan hade köpt det av en tysk provryttare, som trängde in genom Vesuvius' krater för att bjuda ut sina varor. Den djärve pionjären gjorde briljanta affärer, sålde slut sitt medhavda provlager, fick orderboken fulltecknad och stod just i beråd att återvända samma väg som han kommit, då Aziel råkade få syn på sin gemåls nyförvärv. Intuitivt anande vilka ledsamheter den sinnrika tingesten skulle komma att bereda honom, utsände han sin snabbaste meteorryttare för att gripa provryttaren och lät kasta honom i Stora Svavelsjön.

II.

Asmodeus vaknade ganska sent på fredagsmorgonen. Han genomgick i tankarna nattens tilldragelser, men kände varken kopparslagare eller bondånger. Tvärtom råkade han i ett tillstånd av största förtjusning, då han hunnit till klart medvetande om det som förestod honom: en angenäm rekreationsresa och ett intressant arbete, som i belöning kunde medföra – eventuellt – en hög orden, eller åtminstone det förtjusande Buen Retiro.

Ja, så fast besluten var Asmodeus att vinna vadet, att han redan nu begynte göra upp planer till ommöblering och mångahanda förbättringar på detta eremitage, som i hans ägo skulle komma så mycket mer till användning än nu under den stackars hovmarskalkens darrande spira.

Trots den ovanliga timmen lyckades Asmodeus genom sina inflytelserika relationer omedelbart erhålla begärd audiens hos Belzebub. Så skickligt framlade han sin plan, att Hans Majestät ögonblickligen gav sitt bifall och dessutom sina livligaste lyckönskningar. Genom jourhavande kammarherrn lät han till Asmodeus överräcka ett par splitternya sjumilsstövlar i form av moderna amerikanska lackskor – alltså på inget sätt uppseendeväckande –, vidare en utspottad oblat från en svart mässa i Paris, som sätter innehavaren i stånd att tala alla jordens språk inklusive dialekterna, samt slutligen en så kallad belzebubtrieder, med vilken man genom stock och sten kan se allt som tilldrar sig inom sju mils omkrets. Denna begränsning gäller endast de små apparaterna i fickformat; de ledande männen i Underjorden har dessutom till sitt förfogande tuber av sådan styrka, att de kan överblicka vilken punkt som helst på jordytan.

Audiensen slutade klockan halv tolv. Asmodeus begav sig nu till notarius publicus och lät inregistrera sin därvaro jämte noggrann tidsbestämning – detta för att avvärja eventuella beskyllningar för tjuvstart.

Då detta var gjort, hade han ännu tio minuter till sitt förfogande, som han fördrev med att flanera längs Belzebubias praktfulla boulevarder med förstenade cedrar och trevna korallbersåer. I strålande, nästan uppsluppet lynne slog han sig ner på en bänk. Detta var ju mycket litet comme il faut för en man i Asmodei ställning, men han ansåg det lämpligt som övning och övergångsstadium till den socialt blygsamma skepnad han beslutit iklä sig under expeditionen till Finland: affärsmannen av medelklass. Av samma skäl hade han bestämt sig för att inte använda någon av sina privata lyxmeteorer, utan nöja sig med dem som stod allmänheten till buds.

Nu fattades klockan bara två minuter i tolv. Asmodeus reste sig raskt som en yngling. I hörnet av Inkvisitions- och Nantesgatan besteg han resolut en automatisk hyresmeteor. Han satte sig bekvämt tillrätta på den mjuka ryggen, stack ett guldmynt i springan på meteorens huvud och fattade styrhjulet.

I samma ögonblick som det första tolvslaget dånade från Belzebubias Börspalats satte Asmodeus meteoren i gång. Ur dess inre trängde ett bedövande surr, hela den smäckra kroppen kom i darrning och med en varnande klatsch på svansen susade meteoren i väg med en hastighet av femhundra kilometer i sekunden.

Asmodeus överskred utan betänkande den högsta tillåtna farhastigheten – fyrahundra kilometer – ty han ansåg lagar och förordningar tillkomna huvudsakligast för att hålla populasen på mattan, men ingalunda för att hindra och förarga en man av stånd och kvalitet.

Inom tio sekunder var Asmodeus framme vid sitt första mål, bottnen av Vesuvii krater. Här går nämligen den bekvämaste passagen mellan jordklotets båda världar.

Meteoren återvände automatiskt till sin utgångspunkt. Asmodeus åter förflyttade sig i sirliga spiraler till vulkanens topp. Bakom en lavamur stannade han och förvandlade sig enligt sitt tidigare beslut till en herre av ganska indifferent genomsnittstyp. Dock nekade han sig inte ett par livliga bruna ögon och ett mjukt svart hår. Utan att besväras av något bagage, vilket han ansåg sig behöva först senare, spatserade han till Cooks station och for ned med funicularen.[1]

1 Ett slags bergståg som dras med lina. – *Red.anm.*

Vid förvandlingen hade Asmodeus naturligtvis bibehållit de tre nödvändighetsartiklar han erhållit av sin huldrike monark. Tack vare lackskorna var det en smal sak för honom att förflytta sig från Neapel till Stockholm. Nästa steg förde honom till en av de åländska öarna, där han dröjde en stund och njöt av den karga, egenartade naturen.

Asmodeus tog vägen över Åbo emedan han ofta hört människorna kalla denna stad den djävligaste på jorden, vilket givetvis berörde honom sympatiskt och dessutom framstod som ett lyckligt omen för hans kommande arbete i huvudstaden.

I Åbo framtrollade Asmodeus en handväska och ett par större koffertar, fyllda med allehanda nyttiga föremål, samt späckade sin plånbok med sedlar, varpå han vid halvtvåtiden tog plats på tåget till Helsingfors. Järnvägsresor är föga nöjsamma för den som är van att färdas per meteor, men Asmodeus ansåg sig behöva denna färd för att hinna studera land och folk samt uppgöra en plan för den stundande kampanjen.

Makligt bakåtlutad i den blå schaggsoffan i en förstaklasskupé såg Asmodeus det fattiga finska landskapet i all sin trohjärtade enformighet skvätta förbi kupéfönstret. Han hade god tid att göra iakttagelser, ty hastigheten var inte precis skrämmande.

På stationerna såg han en massa människor sitta orörliga på gungplankor och trappsteg. Likt memnonstoder satt de där och betraktade med suverän oberördhet tågens och livets gång. Asmodeus förstod att detta folk har en medfödd fallenhet för passivt motstånd. Men han tyckte sig också kunna märka, att det inte borde vara alltför svårt att överlista.

Tåget stod länge stilla vid dessa små stationer. Asmodeus tittade ut genom fönstret för att uppdaga orsaken. Allt var frid och tystnad. Röken från lokomotivet steg som ett offer mot skyn. Aha, tänkte Asmodeus, en religiös ceremoni!

För att ytterligare göra sig förtrogen med nationens mentalitet inköpte han färska nummer av alla större huvudstadstidningar. Lektyren befriade honom fullständigt från alla farhågor för en olycklig utgång av det företag han inlåtit sig på. I detta angenäma medvetande slumrade Asmodeus in.

Tuppluren förkortade färden med någon timme, men sen var det bara att ta till tidningarna igen. Asmodeus irrade länge omkring i den sällsamma vildmark som kallas *Huvudstadsbladets* annonsavdelning. Han fiskade mången språklig pärla ur denna dunkla flod, som framkväller ur folkets eget bröst.

Plötsligt fängslades hans uppmärksamhet av följande behjärtansvärda upprop:

Kommen och bo i Edla Josefssons pensionat Tunnbindaregatan 13! Kontinentalt! Helinackordering med alla nutidens moderataste bekvämligheter från 4 mark om dagen! Ni ångren Eder ej, eller pengarna fås tillbaka!

– Där har vi ägget! mumlade Asmodeus, och citatet förde ett ögonblick hans tankar till en annan stor upptäcktsresande.

Men bäst det var tyckte han sig märka, att tåget i någon mån saktat farten. En blick genom fönstret upplyste honom om att han befann sig på Helsingfors' station, där tåget synbarligen stått en god stund, eftersom de flesta passagerare redan försvunnit.

Asmodeus lyckades dock få tag i en bärare, som glömt sig kvar på perrongen i djupa betraktelser över tillvarons mål och mening med särskilt avseende fäst vid n:o 16 Kalle Pitkänen.

– Kör till Tunnbindaregatan 13! sade Asmodeus till hyrkusken på fulländad Helsingforsdialekt av omisskännlig överklassfärg.

Kusken tog stöd under klackarna, lutade sig bakåt, ryckte med herkulisk styrka i tömmarna och lät samtidigt några sällsamma läten utgå ur sin mun. Den rutinerade hästen, som inte var något gårdagsbarn, betänkte sig en stund. Den vände långsamt på huvudet och utsände en prövande blick för att se, om inte tömmarna ville brista. Men de höll den här gången, och när det kloka djuret dessutom såg sin husbonde krafsa efter piskskaftet, satte det sig oväntat i rörelse med ett skutt som slog gnistor ur stenläggningen.

I vårkvällens trolska skymning skumpade Asmodeus fram genom den finska huvudstadens gator. Det vimlade, det myllrade av människor i eleganta vårtoaletter från Västra Henriksgatan.

– Vilka härliga jaktmarker! Vilka oinskränkta möjligheter! tänkte Asmodeus, då han såg dessa tunga människoklumpar, som långsamt vankade av och an, uppfyllda av en brinnande längtan att begå åtskilliga dödssynder, vartill det dock gavs sorgligt få tillfällen.

Asmodeus hade snart passerat stadens finaste kvarter. Mörkret förbjöd honom visserligen att konstatera det på resehandbokens stadsplan, men han kände det tydligt nog på det ställe där hans svans i normala fall skulle haft sin plats. Uppfylld av oförfalskad beundran betraktade han gatans spetsiga stenar och beslöt att föreslå en liknande anordning i de fördömdas kvarter i Belzebubia.

Omsider stannade kusken vid Tunnbindaregatan 13 genom att helt elegant sätta hästen på hasorna.

Asmodeus steg ur och såg sig omkring medan han krafsade sig där bakom, dels för att lindra smärtorna och dels för att få fatt i portmonnän.

Det var tydligen en äldre stadsdel han befann sig i. Tysta och högtidliga stod husen där och stirrade på varann med sömniga fönsterrader. N:o 13 befanns vara en liten vålnad av ett italienskt renässanspalats med små tillsatser här och var ur arkitektens egen fatabur, kort sagt ett typiskt Helsingforshus från åttiotalet.

* * *

Änkefru Edla Josefsson blev ytterst angenämt överraskad av den nya gästens ankomst. För ögonblicket hade hon bara två stadigvarande hyresgäster, och vad de tillfälliga resandena beträffar, så hade det varit ganska skralt med dem hela vintern.

Visserligen hade den svartmuskiga herrn ingenting annat med sig än en liten handväska, och många års erfarenheter på gott och ont hade lärt änkefru Edla, att sådana väskor kan vara tomma och sålunda utgöra en klen ersättning för hyran, om gästen en vacker dag föredrar att resa utan avsked. Men hennes lätta oro förbyttes snart i jubel, när Asmodeus självmant erbjöd sig att erlägga en veckas hyra i förskott och samtidigt överräckte ett bagagekvitto på 2 kollin om 86 kilo, som han bad henne ombesörja.

Fru Josefsson fick inte riktigt klart för sig vad hennes nya gäst egentligen var för en landsman. Namn och utseende var ju utländska, men han talade fullkomligt flytande svenska. Affärsman kallade han sig i resandeboken. En fin herre var det i alla fall, det såg man inte bara av blankläderskorna, utan också av den omständigheten att han ville ha både sängkammare och mottagningsrum. Priset frågade han inte alls efter, men väl hörde han sig för om sina medpensionärer.

– Det är bara två stillsamma fruntimmer som är borta nästan hela dagen, svarade fru Josefsson. Fröken Kingelin är ständigt och jämt på föreläsningar och möten och kaffebjudningar, hon är riktigt en fin dam och har så många bekanta och hör till en förening. Och här mitt emot bor fröken Blom, som är en ung och riktigt vacker människa, och hon är på Schuberts kontor. Hon har så mycket böcker, och när hon är hemma så läser hon bara och kommer inte att störa herrn alls. Och sen så är det en familj från Kouvola, men de reser i afton.

– Bra, bra! sade Asmodeus, och så gav han änkefru Josefsson fyrtio mark i nya, ovikna sedlar, de vackraste han någonsin gjort.

På lätta fötter ilade fru Josefsson ut i köket för att meddela köksan

Engla den glada nyheten. Hon glömde totalt, att hon en halv timme tidigare råkat i dispyt och lättare handgemäng med denna person, som inte helt gjorde skäl för sitt celesta namn. Grälet gällde som vanligt katten Sissi, som Engla trots böner och hotelser från fru Josefssons sida och klagomål från grannarna envisades att behålla.

* * *

Asmodeus kände sig onekligen litet trött efter resan, bortskämd som han var av Underjordens idealiska fortskaffningsmedel. Men han ansåg det lättsinnigt att ägna sig åt vila innan han åtminstone rekognoscerat en smula och uppgjort en detaljerad fälttågsplan för nästa dag. Han lät därför hämta ett glas te och några smörgåsar in på sitt rum. Efter att sålunda ha styrkt sig öppnade han sin väska, sökte fram triedern och slog sig ner i gungstolen med den vackert broderade mattan med rosor och blader på.

– Nu ska vi se vad för grannar jag har, tänkte han. – Sen blir det att välja ut de tretton lämpligaste.

I detta syfte lät han kikaren först visa trappuppgångens lista över hyresgästerna i trappan A. Den tog sig ut så här:

3 våningen:
Elis Bladh, fil. mag. – C.G.W.F. Adlerschantz, frih., överste.

2 våningen:
Edla Josefssons pensionat.

1 våningen:
Knut Hahn, hovråd, gårdens ägare.

Entresol:
Gustaf Eytzing, v. häradshövding. – Evert Silvan, pastor.

– Aha, en präst! mumlade Asmodeus belåten.

Han hyste nu en gång för alla en viss faiblé för agenterna för de stora självförsäkringsfirmorna. Emellertid beslöt han spara pastorn till dessert eller åtminstone mellanmål och tog istället itu med Gustaf Eytzing.

Triedern visade häradshövdingen liggande på sin soffa med en bok i handen. Lektyren tycktes väcka hans starkaste intresse. Ansiktsuttrycket vittnade på en gång om vetgirighet och tillfredsställelse.

Nu tror läsaren naturligtvis, att det var 1734 års lag Gustaf Eytzing fördjupat sig i. Men lagen kan en häradshövding utantill, och därför längtar han stundom på kvällarna till profeterna av Willys sort. Vem tadlar Gustaf Eytzing därför att han föredrog Claudines äventyr[1] framom dem som skildras på rådstuvurättsprotokollernas nyktra språk?

Som bokmärke använde häradshövdingen tanklöst nog en växel, där han några dagar tidigare – bara på skämt naturligtvis – övat sig att efterhärma sin mycket solventa vän Mikael Weydels aristokratiska namnteckning. Växelblanketter låg dessutom i prydliga högar inte bara på skrivbordet, utan också på mindre banala förvaringsställen, såsom kakelugnskransen och fönsterbrädet

– Advokaterna är ju redan av naturen våra bundsförvanter, filosoferade Asmodeus. – Av dem har vi lärt det bästa i vår moderna taktik. Herr Eytzing kommer nog inte att vålla några gråa hår i min svans, så mycket mindre som hans förråd av växelblanketter tycks vara avsevärt och hans bokmärke förefaller mig suspekt. Men nu till hovrådet!

Tyvärr visade sig hovrådet Hahns våning vara absolut tom. Familjeporträtten och kakelugnsskärmen med Hahnarnas krönta tupp i pärlstickeri på sidenbotten var insvepta i rött flor. Familjen var tydligen bortrest eller utflyttad på landet.

Detta var en motgång som berörde Asmodeus ganska oangenämt, och han skyndade sig därför att flytta triederns synkrets en våning högre.

Magister Elis Bladh satt bakom stängda dörrar vid sitt skrivbord. Framför honom låg uppslaget ett väldigt frimärksalbum av modernaste konstruktion, och däromkring tornade sig massor av kataloger, facktidskrifter, handböcker, mankolistor, offerter.

Elis Bladh betraktade med tillhjälp av lupp och pincett ett sällsynt fenomen, en dyrbar skatt: ett tiopennismärke av år 1889, där det tydligt stod Fanland istället för Finland. Detta intressanta feltryck var hittills okänt, dess värde kunde helt enkelt inte uppskattas i pengar. I magister Bladhs bröst bodde Lyckans sällsynta fågel; ett förklarat skimmer låg över hans ansikte. Han var bliven en god och ädel människa i denna stund.

– Ha! utbrast Asmodeus sedan han njutit tillräckligt länge av den vackra tavlan.

Han reste sig och gick ett slag över golvet. Nu hade han alltså fått fatt i ett par trådar, och det var allt som behövdes. Inom kort var hans anfallsplan färdig.

1 Bokserie av Henry Gauthier-Villars och Sidonie-Gabrielle Colette, ursprungligen bara utgiven under Villars pseudonym ”Willy”. – *Red.anm.*

Tack vare sin utomordentliga kännedom om jordiska förhållanden visste Asmodeus, att människornas öden är sällsamt intrasslade i varann, så att man bara behöver dra i en enda sådan tråd för att sätta många andra i dallring. För den skull var det bara utgångspunkten han brydde sig om att fastslå, det övriga beslöt han överlämna åt slumpen.

Han gömde omsorgsfullt triedern i handväskan och gick in i sovrummet för att klä av sig. Men just när han stod i beråd att krypa i sängen, varseblev han över huvudgärden en svart tavla med guldskrift: ”Bed och arbeta.”

– I himmeln! utbrast Asmodeus livligt, jag höll rakt på att glömma båda det ena och det andra.

Han följde tavlans uppmaning i omvänd ordning. Först arbetade han, det vill säga han framställde genom trolleri en del föremål, som skulle bli honom till ovärderlig nytta under följande dags kampanj.

Därpå gick han till sängs som ett gott barn och läste sin luciferiska aftonbön. Egentligen var han långtifrån någon zelot,[1] men han misstänkte att någon bigott kollega måhända låg och kikade på honom där nere i Belzebubia; och en aning, ett svagt hopp viskade honom i örat, att han kanske rent av var tagen på kornet av en Allerhögsta trieder.

III.

Magister Elis Bladh kunde blicka tillbaka på en ungdom uppfylld av armod och alla tänkbara umbäranden.

I allmänna medvetandet var bladhska namnet förknippat med föreställningen om rikedom och anseende, men detta berodde uteslutande på Elis’ farbror, kommerserådet Josef Bladh i Jakobstad, som lyckats arbeta sig upp till inte ringa makt och härlighet. Själv var den lille föräldralöse Elis så fattig som en kyrkråtta, och något hopp om förbättring genom arv fanns inte, ty kommerserådet hade en fullvuxen son, vars hälsa absolut inte lämnade någonting övrigt att önska. Unge Elis knagglade sig emellertid fram till både studentlyran och magisterringen, som han dock erhöll utan solenn promotion.

Genom dåligt sällskap och olämplig lektyr hade Elis Bladh så småningom kommit att förirra sig allt längre ut på den socialistiska gungflyn. Han beslöt att ägna sitt liv åt kampen för de förtryckta i samhället. Han uttalade offentligen tvivelsmål angående den bestående världsordningens berättigande; han föreläste om *Das Kapital* för ligapojkar och hejflickor i Sörnäs; han pläderade energiskt för den Fria Kärleken; han var en Över-

1 Äldre synonym för fegis, ynkrygg etc. – *Red.anm.*

tygad förnekare av tron på det översinnliga och valdes därför till styrelsemedlem i Prometeus; ja, han var vänsterman så ut i fingerspetsarna, att han med indignation tillbakavisade en teaterbiljett till högerparkett.

En vacker dag – den var verkligen vacker, han mindes den tydligt nog – fick Elis Bladh telegram från Jakobstad att hans farbror och kusin drunknat under en segeltur i yttre skärgården. Elis stod länge stilla och stirrade på den lilla biten dåligt papper som gav honom sjuhundratusen mark. Det är möjligt att arvtagare sett dummare ut, men det är obevisat.

Under det härpå följande året genomgick magistern en märklig metamorfos. Han upphörde plötsligt att skriva i de socialistiska publikationerna, lät viga sig av präst vid en flicka av god borgerlig familj och började ånyo begagna stärkkragar, vilkas bruk han tidigare avsvurit sig för att känna sig mera ledig och obesvärad i den ansträngande sociala kampen. Däremot kvarstod han i Prometeus, ty gudsförnekeri är numera inte blott tillåtet, utan rent av klädsamt i välsituerade kretsar.

Elis Bladhs skarpa utvecklingskurva sattes av elaka tungor i samband med Jakobstadsarvet. Magistern sörjde uppriktigt över sina forna vänners tarvliga tänkesätt. Han bedyrade att han fortfarande var densamma han alltid varit, och för oss opartiska åskådare ges det alls ingen anledning att betvivla hans heliga försäkran.

Elis Bladhs sociala intentioner skingrades således ganska hastigt av realiteternas friska vindpust. Men han var en djup natur, som alla österbottningar, och han insåg att en mans liv inte får sakna mening och innebörd.

Mannen måste ha ett ideal, en strävan, ett allt uppslukande intresse för något annat och högre än det lumpna brödförvärvet, om han vill undgå att bli andligen försumpad. Vilken denna strävan, detta intresse bör vara, det beror helt och hållet på individen.

Elis Bladh behövde inte tveka länge i valet. Han bestämde sig för frimärkssamlandet, som lekt honom i hågen redan under skolåren, ehuru det självfallet inte kunde anta några större proportioner då. Sina bästa fynd hade han gjort i papperskorgarna på farbroderns kontor, då han om söndagarna fick gå omkring där och rota.

En årsränta på trettiofemtusen sätter en naturligtvis i stånd att ställa målet högre än till de trekantiga godahoppsuddare, som hägrat för skolgossens fantasi som det allra ouppnåeligaste. Vid den tidpunkt då Asmodeus anlände till Helsingfors, var Elis Bladhs samling mycket riktigt den största och dyrbaraste i landet.

Den lycklige ägaren till alla dessa brokiga papperslappar sysslade numera uteslutande med samlingens vård och förkovran. Han stod i livlig affärskorrespondens med firmor och enskilda jorden runt och var faktiskt så överhopad med arbete, att han ibland måste fara till Grankulla på någon vecka och vila ut.

Ofta uppsöktes han av personer som bjöd ut frimärken – vanligen värdelösa – eller filatelistiska redskap och hjälpmedel av hundra slag. Det förvånade honom därför inte alls, när jungfrun på lördagsmorgonen strax efter frukosten anmälde, att dit var en svarter herre som ville tala med magistern.

Skarpsinnige läsare! Du har gissat rätt. Den svarta herrn var Asmodeus.

– Herr magister, sade Asmodeus med svag dansk-tysk brytning, jag har hört er omtalas som framstående filatelist, och då jag representerar en av världens förnämsta firmor, Behl et Zebub i Leipzig, har jag tagit mig friheten att söka upp er för att visa några verkliga rariteter, som man inte vågar skicka med posten.

– Åhå! sade Elis Bladh och var strax intresserad.

Asmodeus tog fram ur barmfickan en plånbok med åtskilliga små häften i, samt ett par förseglade kuvert.

– Var så god! sade han och räckte fram häftena, som innehöll kompletta serier av äldre, svåråtkomliga märken i sällsynt vackra exemplar med klara, skarpa stämplar – alltsammans en frukt av hans skaparmöda kvällen förut.

Elis Bladh kastade sig över häftena ungefär som jag antar att en törstig beduin bär sig åt när han kommer fram till oasen.

– Priserna är förbaskat billiga! sade han efter slutförd granskning. – Men är det säkert att de är äkta? Det förfalskas ju så oerhört mycket märken i våra dagar!

Asmodeus smålog.

– En kännare som herr magistern kan ju lätt konstatera om märkena är äkta eller inte. Var så god och ta ut vilka som helst och undersök dem hur som helst.

Elis Bladh plockade ut ett dussin rariteter som saknades i hans samling och undersökte dem i en halv timmes tid med både zahnmesser, lupp och syror.

– De är tammefan äkta! sade han förtjust. – Ser ni, jag är inte den som låter lura mig att köpa falsifikat, jag!

– Det förstod jag i samma ögonblick jag såg magistern, sade Asmodeus med en liten bugning.

Detta svar stämde Elis Bladh än mer till agentens förmån. Han bläddrade än en gång genom häftena, gav fritt lopp åt sin beundran, valde ut märken för bortåt trehundra mark och gjorde min av att ta fram plånboken.

– Moment, bitte! sade Asmodeus och öppnade ett av de förseglade kuverten. – Det där är bara skräp, som knappast på allvar kan intressera en samlare som herr magistern. Men se här!

Elis Bladh gjorde som brudarna fordomdags, enligt äldre skriftställares utsago: han bleknade och rodnade turvis.

– Men det är ju trettonpencemärket från Hawaii!

– Javisst.

– Men herrigud, det är ju värt 2500! utbrast Elis Bladh.

Han kunde sin Senf som en adelsman Boken.

– Alldeles riktigt, svarade Asmodeus, men vår firma intar en sådan position, att den inte behöver ta hänsyn bara till det pekuniära. Det ligger oss om hjärtat att de stora rariteterna hamnar hos personer, som är besjälade av den äkta samlarandan. Jag kan därför i det här fallet offerera märket till 600 mark med 5 % kassarabatt.

– Herrijess! sade Elis Bladh och knäppte med fingrarna som för betalning. – Det blir 570 då.

– Precis, och då kan de andra märkena följa med på köpet.

– Är det sant? utropade Elis Bladh och sprang upp från stolen.

– Jag är här för att göra affärer och inte för att skämta, svarade Asmodeus allvarligt.

Med tillfredsställelse såg han tecken till transpiration vid magisterns tinningar.

– Men det är inte slut än, fortfor han. – Här har jag någonting som – – Men det är bäst att magistern sätter sig först och tar det med lugn.

– Nå, vad är det nu då? frågade Elis Bladh nervöst, sedan han slagit sig ner vid skrivbordet.

Asmodeus bröt det sista kuvertets insegel. Utan ett ord lade han innehållet på bordet: en liten pappskiva med ett enda frimärke under skyddande glas.

Elis Bladh började plocka med fingrarna under hakan som om där vuxit blåbär istället för gul skäggstubb.

– Voi fan ändå! sade han slutligen med onaturlig stämma. – Det är ju tvåpencemärket från Mauritius!

– Alldeles riktigt.

– Men det finns ju bara fyra eller fem exemplar i hela världen!

– Just det, ja.

– Prinsen av Wales har ett, – –

– Prinsen av Wales, sedermera Edward VII, hade ett, avbröt Asmodeus så hövligt som en dylik ohövlighet låter sig göra. – Men levnadskostnaderna i Paris var mycket höga under hans kronprinstid. Ebben visade sig snart lika ofta i hans höghets kassa som vid kusterna i hans blivande rike, och i ett av dessa momentana förlägenhetstillstånd sålde prinsen i hemlighet de största rariteterna i sin samling till oss.

– Herrigud, utbrast Elis Bladh, det var kolossalt intressant! Habent sua fata – – – ja, vad månne frimärken heter på latin? Det här måste jag skriva en artikel om i *Filatelistbladet*!

– Jag beklagar oändligt, men jag måste be magistern betrakta mitt meddelande som konfidentiellt.

– Nej, men varför det? sade Elis Bladh besviken.

– Jo, det kunde kanske skrämma andra höga personer, som en vacker dag känner sig manade att bli kunder hos oss. Levnadskostnaderna är fortfarande höga för kronprinsar.

– Ja ja, medgav Elis Bladh, kanske det, ja.

Så blev där en lång paus. Magistern försjönk i betraktande av Mauritiusmärket. Han uppsög det med ögonen. Hans ansikte hade fått en nästan religiös prägel; han påminde om en mondän teosof, som betraktar sin Medelpunkt.

Plötsligt reste han sig och frågade militäriskt kort och snabbt:

– Vad ska ni ha för det?

Asmodeus gjorde en åtbörd av djupaste förtvivlan.

– Det gör mig verkligen ont, men det här märket är inte till salu.

– Jag har pengar... jag kan betala... vad som helst! ... Säg ert pris... Jag *måste* ha det!

– Sorry! sade Asmodeus stilla. – Jag kan inte sälja det. Varken för tio penni eller en miljon.

– Ni tänker sälja det åt någon annan! ropade Elis Bladh i full förtvivlan. – Kanske åt Nasse Sjölund! Men jag varnar er! Jag varnar er! Nasse Sjölund är nog färdig att beställa och köpa, men få pengar av honom, si det är en annan femma. Men jag, jag kan betala kontant, hur mycket som helst! Vad ska ni ha för det? Ni måste sälja det åt mig, ett sånt här tillfälle kommer aldrig igen – – –

– För magistern, ja, inföll Asmodeus kallt och stoppade på sig kartongen.

Elis Bladh sjönk ner i sin stol och stirrade oavvänt på den plats där det härliga märket ännu helt nyligen legat.

– Magistern kan vika in och betala de andra märkena när det passar. Jag bor i Edla Josefssons pensionat och stannar ännu två dagar.

Det sista yttrade Asmodeus mycket långsamt och klart så att inget missförstånd var möjligt.

– Au revoir! sade han så.

Men Elis Bladh svarade inte, rörde sig ej heller.

Asmodeus gick baklänges ut ur rummet och betraktade skarpt magister Bladh, liksom ormen drar sig tillbaka efter hugget för att iaktta giftets verkningar.

IV.

Ljudlöst stängde Asmodeus dörren bakom sig och styrde kurs mot klädhängaren i tamburen. Men just då han stod i beråd att svinga paletån över axeln, öppnades varsamt en dörr och en kvinnostämma viskade enträget:

– Kom in lite, herrn, så att jag får tala med er!

Egentligen hade Asmodeus inte alls någon lust att efterkomma uppmaningen, men den följdes av nya, allt mer kategoriska kallelser, så att han slutligen fann sig föranlåten att lyda.

Den energiska damen föste in honom i en salong och reglade dörren.

– Ni har varit hos min man och bjudit ut frimärken?

– Ja, jag sålde märken till ett katalogvärde av mer än tretusen mark för femhundrasjutti.

– Jo, det var präktigt! skrek fru Bladh och blev vit om näsan. – Femhundrasjutti mark! Ni måste genast ta igen era usla märken och ge pengarna tillbaka!

– Jag tror inte det, svarade Asmodeus milt men bestämt. – För det första har jag ännu inte fått några pengar, och för det andra inser jag verkligen inte vad som kan hindra mig att göra affärer med magister Bladh. Han är mycket angelägnare att köpa än jag att sälja.

Fru Bladh fnös av ilska.

– Det kan jag tänka mig! utbrast hon. – Han vet inte hur han ska bära sig åt för att bli av med våra pengar så fort som möjligt, men nog bjuder han till!

– Jag ber om ursäkt, sade Asmodeus, men det här var ingen dålig affär.

– Ingen dålig affär! sade fru Bladh med darrande stämma. – Nej, hör nu, det var det fräckaste jag har hört på bra länge! Tycker herrn... vad är det egentligen ni heter?

– Asmodeus.

– Jaså. Men hur understår sig herr Asmodeus att kalla det en god affär, när man ger ut sexhundra mark för några smutsiga papperslappar?

– Alla värden är relativa, sade Asmodeus stillsamt. – Det finns tusentals människor på jorden som vill komma åt samma smutsiga papperslappar som magister Bladh, och det ger de små lapparna lika säkert värde som Bank of Englands sedlar.

– Alla frimärkssamlare borde spärras in! sade fru Bladh med övertygelse. – När man tänker sig: nära tusen mark för rena paskan.

(Jag beklagar, men just så föll sig fru Olga Bladhs ord.)

– Förlåt, sade Asmodeus, men jag har ont om tid. Är det något mer som fru Bladh ville säga mig?

– Jo, jag ska säga er, att det är skamlöst att lura tusen mark av en tokig människa.

– Menar fru Bladh att magistern...

– Är tassig? Jo, det vill jag lova! När man köper smutsiga papperslappar för tie- eller femtontusen mark om året, så är man väl tokig, eller hur? Så att om herr Asmodeus inte låter köpet gå tillbaka, så kan ni komma i fängelse. För nu ämnar jag sätta Elis under förmyndare!

– Ursäkta, men jag tyckte precis att det var någon som lyssnade där bakom dörren. Om samtalet skall fortgå i den här riktningen, så är det visst bäst att fru Bladh sänker rösten lite.

– Äsch, det är bara mamma, så det gör ingenting. Kom in bara, mamma lilla, varför ska du stå där i draget? Tänk om du får örvärk igen!

En äldre dam med förnäm hållning och en viss skärpa i anletsdragen seglade in i salongen.

– Herr Asmodeus – löjtnantskan Winberg, presenterade fru Bladh, varpå alla tre slog sig ner kring divanbordet.

– Är herr Alopeus släkt med biskopen? frågade löjtnantskan.

– Nej, tyvärr! svarade Asmodeus hövligt.

Fru Bladh ville rätta namnförväxlingen, men hennes mor avstod inte så lätt från ordet.

– Ja ja, sade hon, det är ju en så stor släkt. Jag kände Emerik Alopeus i min ungdom och hans syster Lina, vi var nästan dagligen tillsammans, sen dog han i lungsot, nej i kräfta, nej det var nog lungsot ändå, som jag först sa, Lina, hon blev gift med en Vasiljeff i Viborg och har fyra pojkar och en flicka. Men vad var det ni talade om när jag kom in?

– Asch, mamma lilla, det vet du ju så rasande bra! avbröt fru Bladh otåligt.

Löjtnantskan sände sin dotter en ogillande blick. En viss gêne gjorde sig märkbar. Asmodeus såg på sitt ur.

Gumman Winberg förstod, att det var hon som skulle ta ledningen. Hon hade fint väderkorn och sinne för etiketten. Hennes man hade i sin ungdom varit gardeslöjtnant, och fastän han snart nog övergick till det mera lukrativa skogsjobberiet, så hade umgänget med den exklusiva kasten stämplat löjtnantskan för livet, varför hon också höll styvt på titeln.

– Herr Alopeus förstår, att det här är en delikat sak, sade hon och slätade på länstolens sammetskarm. – Förhållandena har under de sista åren utvecklat sig därhän, att jag numera inte ser någon annan utväg än att försöka få min svärson förklarad otillräknelig. Det är lessamt, ohyggligt lessamt, men det kan inte hjälpas. Vi har försökt allt...

– Ni vet inte hur jag har lidit under det här! utbrast Olga Bladh suckande.

– Gulle du! sade löjtnantskan nästan kränkt, *ändås* jag?

– Ja, familjesorger! sade Asmodeus med ett förstående tonfall.

– Men nu har jag fått nog! förkunnade löjtnantskan. – Eller tycker herr Alopeus att man ska vänta tills hustru och barn står nakna på gatan och tigger sitt bröd på fattighuset utan tak över huvudet?

– Naturligtvis inte! Om det verkligen förhåller sig som löjtnantskan befarar, så måste kraftiga åtgärder vidtas i god tid. Men en stark samlarpassion är ännu inte något bevis på galenskap. Finns det andra indicier, som pekar i samma riktning?

– Om det finns!

Den åldriga löjtnantskan riktade en vädjande blick mot det vackert schablonerade taket.

– Du gode gud! fortfor hon, det finns otaliga bevis. Häromdagen kallade han mig plötsligt migära och madaska. Vad säger ni om det?

– Den stackars magistern, sade Asmodeus deltagande, det måste verkligen stå illa till med honom.

– Ja, inte sant? Men nu ska ni få höra! Jag gick genast till Universitetsbiblioteket, det är ju så bra att ha när man ska forska så där vetenskapligt, och det här var ju en viktig sak, och där försökte jag slå opp både migära och madaska i alla möjliga ordböcker, men *ingetdera ordet fanns där!*

Triumferande inväntade löjtnantskan effekten av sitt avslöjande.

– Jag anade det! utbrast Asmodeus.

– Nå, nu frågar jag bara: en karl som pratar meningslösa ord, han är väl tassig, eller va?

– Alldeles givet!

– Ja, inföll Olga Bladh med innerlig övertygelse, jag ger min själs salighet på att han är tokig!

– Förlåt, fru Bladh, vill ni inte göra det skriftligt? frågade Asmodeus ivrigt.

– När som helst, om det behövs inför domstolen.

– Alltså, herr Alopeus, sade löjtnantskan med en viss trevande försiktighet, vi håller på att samla bevis mot min svärson, utlåtanden av personer som känt honom under olika perioder av hans liv... Ett par, tre stycken har redan lovat intyga det där, men det är sådana rysliga socialister att jag inte riktigt vet, om... Men vi måste ju ha material innan vi vänder oss till en jurist... Skulle inte herr Alopeus kunna hjälpa oss, ni som är fackman på det där filologiska området... jag förstår inte hur ni har kommit att välja ett sådant yrke, ni som är en så klok och hygglig karl och av god familj... Det som ni förlorar i vinsten på frimärkena ska vi nog försöka ersätta på annat sätt, så att gulle herr Alopeus, tänk nu på saken!

– Mina damer! sade Asmodeus med plötslig entusiasm, jag skattar mig lycklig över att kunna hjälpa er. Som fackman kan jag intyga, att magister Bladh absolut inte har ett begrepp om vad han köper. Alla de märken jag sålde åt honom var falska. Jag har nämligen gjort dem själv.

Ett dubbelskri av triumf banade sig väg ur två bröst som hävts i våldsam spänning.

– Då jag nu har lärt känna sakens rätta sammanhang, vill jag naturligtvis under inga omständigheter bereda mig någon vinst på ett så orättmätigt sätt. Jag ställer mig helt och hållet till damernas disposition.

– Det var snällt av herr Alopeus, sade löjtnantskan nådigt, och fru Bladh skänkte honom en varm blick.

– Det gäller då först och främst att få tag i en god jurist, fortfor Asmodeus, och jag kan på det varmaste rekommendera häradshövding Eytzing, som dessutom råkar bo här i samma trappa.

– Det passar ju förtjusande bra! kvittrade Olga Bladh.

Men löjtnantskans ansikte mulnade.

– Han lär ska föra ett så rysligt dåligt liv, sade hon.

– Än sen? invände Asmodeus. – De goda advokaternas privatmoral, vet löjtnantskan, kan inte alltid vara den bästa. Huvudsaken är väl ändå att de vinner våra processer?

– Det är ju klart, sade Olga Bladh avgörande. – För resten tycker jag om den där Eytzings utseende. – Det är någonting visst över honom...

– Vi tycks ha samma smak, sade Asmodeus och blixtrade lite med sina mörka ögonglober.

– Nåja, gärna för mig, sade löjtnantskan efter en liten paus. – Om det kan vara till din lycka, gulle Olga, så är jag den sista att sätta mig till motvärn. Kanske herr Alopeus vill vara snäll och tala med häradshövdingen, bara så där förberedande, så att han vet vad saken gäller när Olga och jag kommer till honom.

– Med förtjusning, svarade Asmodeus. – Såna här praktiska angelägenheter ligger ju bättre för oss män, fast jag annars villigt böjer mig för hennes konglig höghet Kvinnan.

Olga Bladh sände sin mor ett trådlöst telegram, som närmast kunde dechiffreras: Är han inte söt?

– Här är ingen tid att förlora, fortfor Asmodeus. – Vem vet när det onda bryter ut på allvar? Det är bäst att jag försöker få tag i herr Eytzing nu med detsamma.

– Ja, sade gumman Winberg, och så kommer ni genast opp till oss och berättar hur det gick.

– Nej, för allt i världen, bästa löjtnantskan, det vore mycket oklokt. Om magistern överraskar mig här, så måste han ju fatta misstankar, och det kan leda till förföljelsemani, som ofta går ut över de närmaste anhöriga.

– Tänk om han mördar mig! utropade löjtnantskan. – Han ser ibland så underligt på mig att jag blir riktigt uppskakad. Ja, vet ni, när jag tänker på saken, så är det säkert att han ämnar göra illa åt mig!

– Det har nog ingen fara, sade Asmodeus lugnande, om damerna bara följer mitt råd. Jag söker upp häradshövdingen, utlägger hela situationen för honom, och under eftermiddagens lopp går damerna ner och tecknar under papperen och får förhållningsorder.

– Ni tänker då på allt, sade Olga Bladh varmt. – Hur ska vi riktigt kunna tacka er?

– Man ska aldrig tacka för tidigt, fru Bladh, svarade Asmodeus anspråkslöst. – Men nu kommer vi till sakens tråkiga sida. Vad är damerna villiga att uppoffra för den här saken?

– Vad som helst! utbrast fru Bladh med skälvande näsvingar. – Jag kan inte stå med händerna i kors och se på hur sjuhundratusen mark kastas på gatan. Hellre uppoffrar jag allt vad jag har och kommer att få, kort sagt vad som helst.

– Till och med er salighet? frågade Asmodeus småleende, liksom i förbifarten.

– Till och med den, om det så ska vara!

– Och löjtnantskan?

– Jag förenar mig med min dotter, sade gumman Winberg. – Sannerligen, när jag tänker på de där frimärkena och madaska och…!

– Det är alldeles utmärkt! sade Asmodeus förtjust. – Jag skall emellertid försöka ställa det så billigt som möjligt för damerna. Men nu måste jag verkligen gå. Au revoir!

– Adjö, herr Asmodeus.

Olga Bladh tryckte innerligt hans hand. Gumman Winberg smög sig efter honom ut i tamburen.

– Hör nu, herr Alopeus, viskade hon, när Elis nu kommer på dårhuset så blir här ju skilsmässa, och då måste Olga gifta om sig, ungaste människan, det går ju inte på annat sätt, och då ville jag bara säga, att hon verkligt är ovanligt duktig i hushållet, och det må nu gå hur det vill med Elis' pengar, lite får hon ju också efter mig när jag faller undan, så att adjö nu, herr Alopeus, och tack för allt!

– Madame! sade Asmodeus i det han böjde sitt mörklockiga huvud och kysste den vördnadsvärda damens hand.

V.

Asmodeus såg på sitt ur. Det visade halv tre. Familjen Bladh hade tagit hela hans förmiddag i anspråk.

Egentligen hyste han föga hopp om att träffa Gustaf Eytzing så här dags. Men slumpen gynnade honom.

Detta tilldrog sig, som vi veta, på en lördag, och dagen före helg har ju bankerna den förargliga vanan att stänga klockan två.

Sedan ett par år tillbaka bestod Gustaf Eytzings huvudsakliga sysselsättning i att åka omkring i stan och omsätta växlar. Man bör dock inte tro att detta var något latmansgöra. När man har 150 000 marks skulder och inkomsterna just jämnt förslå till tobak och glansstrykning, så äter man förvisso sin krogmat i sitt anletes svett – och kroppens med, ibland.

Men från lördag klockan 2 till måndag klockan 10 var Gustaf Eytzing ledig, och därför träffade Asmodeus honom hemma.

Häradshövdingens humör var miserabelt och hans uppträdande präglades inte precis av tillmötesgående välvilja.

Asmodeus steg emellertid oombedd in och slog sig obesvärat ned i vardagsrummet, som vittnade fördelaktigt om innehavarens behov av bekvämlighet och goda tillgång till andras medel. Häradshövdingen själv kastade sig otåligt i en vilstol.

Asmodeus öppnade genast en djärv offensiv.

– Det är ett farligt yrke herr Eytzing har valt, sade han.

– Är ni livförsäkringsagent? frågade Gustaf Eytzing i ohövlig ton.

– På sätt och vis. Genom mig kan man till exempel försäkra sig om ett sorgfritt liv.

– Verkligen! sade Gustaf Eytzing hånfullt. – Men det skulle roa mig att veta varför ni anser mitt yrke så farligt.

– Det ligger i öppen dag, som ni själv skall bli tvungen att erkänna, svarade Asmodeus. – Juristens yrke är riskabelt i sig själv och blir det dubbelt, när det kombineras med något slags bankverksamhet. Liksom alla andra jurister går ni naturligtvis och hoppas på att en morgon vakna som bankdirektör. Det kan lyckas. Protektion och fräckhet – jag konstaterar bara, utan att klandra! – kan föra en långt. Men jag avråder er på det allra livligaste! Hur mången av era kolleger har inte fallit offer för yrkets vådor, i misstag skrivit andras namn på papperen och sedan skjutit sig på klosetten. Numera har ju allmänna opinionen i landet i humanitärt syfte upphört att fordra det senare, vilket haft till påföljd att det förra blivit allt vanligare. Men risken finns där i alla fall, glöm inte det.

– Jag tror ni är tokig! skrek Gustaf Eytzing hotfullt.

– Det intresserar mig föga, men tror häradshövdingen på fan?

– Jo, det vill jag lova! Åtminstone tycks han rida bankerna nuförtiden. De spottar ju ut de säkraste namn!

– Bra, sade Asmodeus, då ska vi gå rakt på sak och inte förspilla tiden med skräpprat. Jag kommer för att fråga om ni vill bli Underjordens juridiska ombud i Finland?

Gustaf Eytzing satte sig upprätt i stolen och skrattade sig halvt fördärvad.

– Härliga tider! sade han. – Nu kan inte fan själv reda sig längre.

– Åjo, för all del, i det stora hela klarar vi oss mycket bra. Men den merkantila världsutvecklingen har gjort livet på jorden så pass komplicerat, att vi anser oss ha nytta av juridiskt bistånd. Jag är övertygad om att ni är rätta mannen. Vad säger ni om en garanterad årsinkomst av femtitusen så länge ni lever?

Gustaf Eytzing skrattade inte längre.

– Först och främst, sade han, vill jag ha garanti för att ni är den ni ger er ut för.

– S'il vous plaît! sade Asmodeus och förvandlade för ett ögonblick sitt vänstra ben till en bockfot.

– Jaja, för all del, utbrast Eytzing, jag tror, jag tror.

– Häradshövdingen vill alltså inte se mer?

– Nej, för fanken, låt bli de där konsterna, de gör mig nervös!

– Jag kunde tänka mig det, men det fanns ingen annan utväg.

En paus.

– Var det femtitusen ni sa?

– På livstid, ja.

– Men jag vill ha mina skulder betalade först. Hundrafemtitusen.

– Det kan gå för sig.

– Och så vill jag ha ett års lön i förskott.

– Det strider visserligen mot våra principer, men jag skall göra ett undantag för häradshövdingen.

Gustaf Eytzing betänkte sig åter.

– Jag accepterar! sade han så.

– Jag visste det, anmärkte Asmodeus lätt.

– Hur kunde ni ana det på förhand?

– Ni har så märkvärdiga bokmärken. Men nu får ni ju råd att köpa nya.

Eytzing reste sig besvärad.

– Vi ska väl göra ett ordentligt kontrakt, sade han och gick bort till sitt skrivbord.

Kontraktet uppsattes i två likalydande exemplar och undertecknades omedelbart.

Gustaf Eytzing stavade nyfiket på sin gästs eleganta namnteckning.

– Asmodeus, sade han, jag tycker mig ha hört det förr.

– Högst antagligt, svarade Asmodeus och bröstade sig en smula.

– Nu minns jag, inföll Eytzing, det var på gamla Arkadiateatern.

Nu var det Asmodeus' tur att bli obehagligt berörd.

– Den där ohängda Overskou! sade han. – Jag skall minsann hålla ögonen på honom under yttersta domen.

Med dessa ord tog han fram plånboken och började räkna upp en väldig bunt tusenmarkssedlar. Gustaf Eytzing sträckte ut sin håriga hand, som i detta ögonblick kom att likna en väldig rofspindel.

– Stopp och belägg! sade Asmodeus. – Här återstår en liten formalitet. Var god och teckna under det här papperet först.

Och han lade en pergamentbit och en reservoarpenna på bordet.

Gustaf Eytzing ryckte otåligt till sig papperet och läste:

Kontrakt.

> Undertecknad förskriver härmed sin odödliga själ till innehavaren av detta papper.

Häradshövdingen blev en smula blek och ett osäkert leende hoppade på hans läppar.

– Vad ska det här vara bra till? sade han med krystad överlägsenhet.

– En bagatell, som jag emellertid håller på, svarade Asmodeus.

– Men herregud, det strider ju mot juridikens prima principia att förbinda sig till en prestation, som man antagligen inte kan fullgöra. Vem garanterar att jag har en odödlig själ?

– Risken blir ju min, sade Asmodeus lugnt, och jag tar den på mig.

Gustaf Eytzing såg upp, men uthärdade inte sin gästs blick. Han fattade nervöst reservoarpennan och gjorde hastigt den första stora slängen i G'et, men drog plötsligt handen tillbaka som ur eld.

Istället för vanligt bläck flöt en röd, simmig vätska ur pennan.

– Fy fan, sade han med oklar röst, är det blod?

– Ja, svarade Asmodeus lätt, vi håller på den lilla kuriositeten, som för oss har ett visst affektionsvärde.

Gustaf Eytzing lade ner pennan och såg sig omkring med osäkra blickar. Men Asmodeus vände sig nonchalant ifrån honom och bläddrade helt omotiverat i sedelpackorna.

– Tänk om ni bedrar mig! skrek Eytzing plötsligt till. – Är de där sedlarna äkta? Svär på att de är äkta! Men det hjälper ju inte, ni svär naturligtvis falskt. Jag fordrar att få låta undersöka dem först!

– Banken tar nog emot dem, var lugn för det, svarade Asmodeus småleende. – Om ni misstror mig, kan ni naturligtvis få hela summan i guld, men det blir ju lite besvärligt att handskas med. Pengar, min unge vän, det har vi mer än nog av därnere. Vi kunde när som helst köpa in varenda själ här i landet – för i grund och botten är ni alla till salu, det är bara summan och sättet som behövde varieras – men vi tycker det är synd att slösa det sköna gyllene krutet på kråkor, som vi ju kan fånga både billigare och bekvämare. Följaktligen kan ni känna er ganska smickrad, när ni ser hur mycket jag är beredd att dépensera på er. Och mina pengar står sig nog i vilken undersökning som helst.

Nu tog Gustaf Eytzing åter pennan och skrev lugnt sitt namn till slut.

– I eftermiddag får ni ert första juridiska uppdrag i vår tjänst, fortfor Asmodeus i affärsmässig ton medan han stoppade pergamentet på sig. – Magister Bladhs fru och svärmor vill få honom förklarad omyndig på grund av slöseri och samlardille. Ni blir deras advokat. När damerna kommer hit, skall ni låta dem skriva under en massa handlingar, och bland dem smusslar ni in två själakontrakt, alldeles lika det som ni nyss gav mig. Här får ni blanketterna. Jag har damernas muntliga löfte, men skriftligt är i alla fall säkrare. Har ni förstått?

– Ja, svarade Gustaf Eytzing dovt.

Han höll sedelbunten pressad mot sitt bröst.

– Om ni vill träffa mig, så bor jag tills vidare i pensionatet här ovanför. Hur ni framdeles bör begå för att sätta er i förbindelse med oss därnere, det skall ni få veta så snart jag hunnit pröva er och se hur ni utför våra uppdrag.

– Var lugn, sade Gustaf Eytzing, ni kommer nog att bli nöjd.

– Förträffligt! Då skall jag i gengäld ge er ett värdefullt förtroende: fru Bladh är å prendre.

– Verkligen? utbrast Gustaf Eytzing intresserad.

– Hon har ett gott öga till er. Gå bara på i ullstrumporna. Det blir inte så lite efter gumman Winberg, så ni kan lugnt låta det gå till äktenskap, om hon håller på formaliteterna. Farväl!

Gustaf Eytzing återfann sitt smidiga och vinnande jag. Han tog ett särdeles hjärtligt och på samma gång vördnadsfullt avsked av sin gäst.

På tröskeln erinrade sig Asmodeus, att han brutit mot den heligaste av landets lagar, den enda som hålls lika högt i ära av suometarianer som av vikingar, och han skyndade att gottgöra sin försummelse.

– Kanske jag som den äldre av oss får proponera närmare bekantskap – – ?

– Förfärligt älskvärt! sade Gustaf Eytzing smickrad. – Hur är det, får jag säga farbror, eller...

– Nej, för allt i världen! Jag har visserligen firat tretusenfemhundraårs tjänstejubileum, men jag känner mig ung, yngre än de flesta. Alltså säger vi Gustaf och Asmodeus.

– Det är en stor ära för mig, sade Gustaf Eytzing. – Men vill du inte stanna en stund, så att vi får skåla på saken. Jag har varor hemma, whisky, vermouth, konjak...

– Tack ska du ha, svarade Asmodeus, jag betvivlar inte att du håller dig med goda märken, men jag har lite ont om tid. Vi kan spara nersköljningen tills vi träffas hos de mina. Vid det laget kan en liten klunk komma dig väl till pass, dina föregångare och blivande kumpaner där nere klagar ofta över törst. A rivederci!

VI.

Det slog Asmodeus att han egentligen gått över ån efter vatten, då han inte börjat sin verksamhet hemma i pensionatet och försökt sig på Edla Josefsson eller någondera av sina medpensionärer. Han beslöt därför att inte längre låta servera sig på sitt rum, utan delta i den gemensamma middagen.

För att snabbt kunna göra viktiga observationer infann han sig som god första i matsalen. Som alla andra psykologer visste han, att man kan dra vittgående slutsatser av människors olika sätt att komma in i ett rum där det finns någon främmande.

Änkefru Josefsson befann sig ännu i köket när de båda damerna liksom på replik lämnade sina respektive rum och gjorde sin entré i matsalen.

Fröken Kingelin nickade vårdslöst åt Asmodeus som om de träffats dagligen i tio års tid och gick rakt fram till sin stol med små, hastiga steg.

– Vad är det här för slag?

Varför är inte middagen färdig på bestämd tid?

Var håller fru Josefsson hus?

Hur länge ska man egentligen behöva vänta?

Nej, nu går det verkligen för långt!

Det är oerrhörrt!

Allt detta och mera därtill yttrade fröken Kingelin, eller, som hon vanligen kallades, tant Fatiniza. Och för varje ny anklagelse trummade hon en liten virvel på stolens ryggstöd. Men ingen tog någon notis om hennes rättmätiga harm.

Ty fröken Blom gick mjukt och tyst emot Asmodeus. Deras blickar sammanföll från första stund. Asmodeus kände en stark rapport.

– Asmodeus, sade han med en djup bugning.

– Ellen Blom, viskade flickan.

Deras händer möttes nästan smekande.

Ellen Blom hade stora sammetsögon och däromkring ett förrädiskt mörker, som visade att hon tillhörde Gertrudtypen.

(Hjalmar Söderberg är mycket uppskattad också i helvetet, där man gett ut hans verk i en lyxupplaga, tryckt i eldfasta färger på asbestplattor.)

Tant Fatiniza däremot hade framlevt ett långt liv i själens lust och köttets obotliga ensamhet.

Nu kom änkefru Josefsson in från köket, omvärvd av ett sammansatt och intensivt matos. Tant Fatiniza såg demonstrativt på den stora väggklockan.

– Ja, ursäkta nu allesammans, sade fru Josefsson, jag mästest hjälpa till lite i köket, såsen höll ju rakt på att bli oppbränd.

– Det är ju oerrhörrt! sade tant Fatiniza.

– Vad gör fru Josefsson egentligen med en köksa som inte ens kan laga en sås?

– Ja, sade fru Edla ödmjukt, jag har ju nog försökt säga opp Engla, men när hon inte vill gå, fast jag har lovat skriva ett riktigt schangtilt betyg och allt. Hon säger att det är så besvärligt att söka en ny plats.

– Det är ju oerrhörrt! sade tant Fatiniza. – Fru Josefsson har ingen energi! Det kommer att gå galet med fru Josefsson! Energi måste man ha! Se på mig! Hur tror ni att Saken skulle se ut utan mig? Nej, det behövs energi här i världen, appsolut!

– Ja, sade fru Josefsson undfallande, när nu min man ocksån är död. Si, han kunde skrika åt pigorna så att det riktigt var en fröjd!

Man satte sig till bords. Asmodeus' kuvert var dukat bredvid Ellen Bloms.

– Nå, lilla tant, sade Ellen Blom, vad nytt från krigsskådeplatsen? Jag ser på tants ögon att någonting förfärligt har inträffat. Men så var det ju också fredagen den 13 i går.

– Här sker oerrhörrda saker! svarade tant Fatiniza och badade vällustigt sin tunga i ett skedblad soppa för att dymedelst ge den fördubblad vigör. – Men först måste jag ställa en samvetsfråga till herr Asmodeus. Tillhör ni vårt parti eller håller ni på Plantin?

– Fröken får ursäkta, men jag har tillbragt största delen av mitt liv utomlands, långt härifrån. Jag kom till staden först i går och har ännu inte hunnit sätta mig riktigt in i förhållandena.

– Det är appsolut ingen ursäkt! fastslog tant Fatiniza med synbar ovilja. – Vår Sak är en fråga av så oerrhörrd betydelse, att var och en *måste* ta parti för eller emot. Den som inte är med oss är emot oss, och den som är emot oss är *köpt*!

– Tant är alltid så sträng, sade Ellen Blom.

– Varför ska man döma? Livet är ju så kort, vi borde hellre hjälpa varann att njuta, innan det är för sent.

Asmodeus fann hennes hand under bordet och tryckte den.

– Jassåå, jag borde hjälpa Plantin! Jasså, du tycker det! Det är oerrhörrt!

– Ursäkta, sade Asmodeus oskyldigt, men vad har herr Plantin egentligen gjort?

– Vad han har gjort!! utropade tant Fatiniza så att lösgommen klafsade. – Ni vet då appsolut ingenting? Det är oerrhörrt!

Hon spände blicken i Asmodeus, som med förfäran iakttog hur hennes ena pupill svällde ut till ett väldigt pepparkorn, medan den andra förblev som en sylspets.

– I går kväll, fortfor hon, var Plantin drucken som vanligt när han gick hem från Monaco. Han lär ha mått illa två särskilda gånger på hemvägen. Polisen tänkte ta honom, men tyvärr slapp han undan.

– Usch, så otäckt! sade Ellen Blom och lade ner skeden.

Resten av soppan blev orörd kvar på hennes tallrik, ty hon var en sensitiv natur.

– Du tycker att det är otäckt, sade tant Fatiniza. – Det tycker alla hederliga människor, men, ser du, för plantinerna är det ingenting. Appsolut ingenting! Det är bara fint. De är alla likadana. Den ena värre än den andra, och Fielitzen är den värsta, om man inte tar Liljenskiöld med. I förrgår, till exempel, hade de stor middag på Fennia för den kvinnliga personalen, i enskilt rum naturligtvis.

– Men det är ju vackert att de intresserar sig för personalen, invände Ellen Blom. – *Vår* chef är nu så snål att han aldrig ger ut fem penni för att uppmuntra oss, och därför tycker jag det var hyggligt av plantinerna, då de tänkte på att personalen också är människor, som kan behöva uppmuntran.

– Ja, men herrarna då? De arbetar ju lika mycket som damerna och gör nästan lika mycket nytta, fast de bara är karlar. Men de var inte bjudna! Nej. Och ni ska inte heller tro att alla damer var där! Aldrig i livet! Det var bara de vackraste, som plantinerna försökte få till älskarinnor åt sig. Där dracks fem sorters vin, och med likörer försökte de få damerna lite så där, och Fielitzen lär ha suttit med, armen om livet på Lisi Winter, och Atte Liljenskiöld bjöd tusen mark åt Ingeborg Morén, och när hon sa nej så *försökte han göra det med våld!* Det är väl ändå oerrhörrt, eller va?

– Obestridligen, inföll Asmodeus, i synnerhet som det skedde vid middagsbordet.

– Tror ni att plantinerna generar sig? Det bevisar bäst att ni inte känner det sällskapet. Och middagen lär ha kostat flera tusen mark, men vad spelar det för en roll för dem, som bara behöver gå och ta i kassan. De väljer ju varann till revisorer, så att räkenskaperna kan se ut precis hur som helst, och det lär de nog också göra.

– Tror fröken verkligen att de stjäl? frågade fru Josefsson upprörd.

– Om jag tror? Vi *vet* det. Vi har det från en tvätterska som är bästa vän med Plantins köksa.

– Voi herrejess, suckade fru Josefsson, vad det ändå finns mycket skojare här i världen. De små skickas nog i fängelse, men de stora, de får gå omkring och vara budiska. I fjol bodde här hos mig en fin dam från Reval, hon hette friherrinnan Kakskfill, och hon kände så mycket offcerer och lukta ådekolong, och alla dar bars det hem saker åt henne från butikerna, och vareviga afton hade hon fint herrfrämmande, och så en fredagsmorron när vi knackar på dörrn, så är hon borta, och ingenting hade hon lämnat kvar utom en trasig kappsäck, som hon troligtvis hade stulit, för där stod Anna Hirsch på, och sexti mark pengar blev hon skyldig mig. Men aldrig fick polisen tag i henne fast jag anmälde. De våga väl inte när hon var friherrinna.

Det blev en liten paus medan kalopsen serverades.

Tant Fatiniza var missnöjd över den avväg samtalet råkat in på. Hon hade nu en gång för alla ägnat sitt liv åt den stora Saken.

– Förstår herr Asmodeus nu, att det är en ideell strävan som vårt parti kämpar för? sade hon för att leda diskussionen i rätt spår.

– Javisst, och efter de upplysningar jag här har fått, ansluter jag mig helt och hållet till Plantins motståndare.

– Det gläder mig oerrhörrt! sade tant Fatiniza. – Alla hederliga människor måste ju tycka som jag, om de inte är idioter.

– Tyvärr är det ofta fallet med de hederliga, anmärkte Asmodeus, men fröken kan med sin vältalighet omvända en sten.

Tant Fatiniza klöv sina tunna läppar till ett dårande leende. Hon beslöt att säga någonting vänligt till den behagliga nykomlingen.

– Herr Asmodeus är ju affärsman eller hur?

– Jo, jag befinner mig som bäst på en liten affärsresa.

– Törs man fråga vilken bransch herr Asmodeus ägnar sig åt? Affärer är ju ett så vidlyftigt och svävande begrepp.

– Min verksamhet är svår att precisera, svarade Asmodeus med sitt mest intagande smålöje. – Närmast blir det väl någonting i stil med Paul Ivanovitsch Tschitschikoff.

– Jag känner så lite affärsvärlden här i stan, sade tant Fatiniza. – Mina intressen har alltid varit riktade mot det ideella Är han kommerseråd, den där Tschitschikoff?

Ellen Blom kunde inte låta bli att skratta.

– Kära tant, Tschitschikoff är inte någon levande människa, det är en person i Gogols *Döda själar.*

– Du vill nu alltid lysa med din beläsenhet, sade tant Fatiniza stucken, i det hon riktade sylspetsen mot Ellen Blom och lät pepparkornet rulla.

– Nå, fortfor hon, vad sysslar den där Tschitschikoff med i romanen?

– Han köper upp själar!

– Jasså, och det är således det herr Asmodeus sysslar med? Köper själar! Tack ska du ha för upplysningen. Nu trodde du visst att du var kvick!

– Ja, men det är riktigt sant, och det rår jag inte för. Vill tant kanske låna boken av mig?

– Nej tack, lilla vän, min tid är alldeles för dyrbar till sådant skräp. Vi har ett viktigt sammanträde hos Tuttu Pihlqvist klockan sju.

Desserten åts under tystnad och tryckt stämning.

Efter kaffet gingo fru Josefsson och tant Fatiniza till sitt, men Ellen Blom och Asmodeus stannade kvar i matsalen efter ordlös överenskommelse.

– Herr Asmodeus, sade Ellen lågt och såg honom djupt in i ögonen, ni är inte den ni ger er ut för.

– Kanske inte, svarade Asmodeus och gick henne tätt inpå livet.

– Ni är något annat och mer än ni synes vara.

– Ja, men ni förråder mig väl inte?

– *Jag* skulle förråda *er*!

Hennes röst vibrerade.

Asmodeus förstod att det psykologiska ögonblicket var inne. Han tog henne i sina armar och kysste hennes längtande mun.

– Jag älskar dig sen jag kom in i rummet och såg dig därborta vid fönstret, viskade hon.

– Jag förstod dig strax, svarade Asmodeus sakta.

Några minuter förgick på övligt vis, och situationens första skede avslutades likaså på hävdvunnet sätt, i det att Ellen med ens gjorde sig lös, for med handen över pannan och såg förvirrad ut.

– Nej, nej! mumlade hon, du får inte, du får inte...

– Kära Ellen, sade Asmodeus, varför skulle vi förspilla en dyrbar tid som aldrig kommer igen? Livet är så kort, sade du själv för en stund sen. Vi måste hjälpa varann att njuta. Vem tackar oss på vår döda mull för att vi försakat lyckan? Jag reser i övermorgon, vi ses kanske aldrig mer, låt oss tillhöra varann den tid som ännu är kvar.

– Ja ja, älskade, du har rätt! viskade Elfen, ånyo med armarna om hans hals.

– Jag väntar dig alltså i kväll, ska vi säga klockan tolv? Första dörren till höger i korridoren.

– Nej, nej, vad tänker du på! Aldrig i världen! Vem tar ni mig för?!

Trots sin kännedom om kvinnans nyckfullhet och sällsamma logik blev Asmodeus något förvånad över flickans plötsliga protester. Men lyckligtvis befanns det att han delvis missförstått henne. Hon fortsatte nämligen så här:

– Jag menar bara, att det måste bli tvärtom: du får lof att komma in till mig, för jag är inte en sådan flicka som besöker herrar på natten. Jag lämnar dörren oreglad. Precis klockan tolv, glöm inte! ... Det är avskyvärt att behöva vänta! ...

– Hur kan du tro att jag skulle försena mig! utbrast Asmodeus förtjust och indignerad på samma gång. – Det blir ju härligt!

– Ja, viskade flickan, vi två... du och jag... och därute den stora, tigande natten... Men var för guds skull försiktig så att tant Fatiniza inte märker någonting!

Nu hördes steg i korridoren. Laokoongruppen i matsalen hann knappt upplösa sig, förrän jungfrun stod på tröskeln och anmälde, att magister Bladh ville tala med herr Asmodeus.

Ellen Bloms uppsyn var otvivelaktigt ganska komprometterande, men Asmodeus hade sinnesnärvaro nog att göra en korrekt bugning och i formella ordalag anhålla om ursäkt för att han måste avbryta samtalet.

Jungfruns blickar följde honom dock med ett starkt accentuerat: Aha!

VII.

Asmodeus hälsade förbindligt på Elis Bladh och förde honom in i sitt mottagningsrum.

– Magistern kommer antagligen för att avplana sin lilla skuld, sade han i lekande ton, som föga harmonierade med Elis Bladhs exciterade uppsyn.

Magistern svarade inte strax. Han tog fram sin plånbok, som såg ut som en snok med möss i magen, och plockade nervöst bland sedelbuntarna.

– Ni måste sälja Mauritiusmärket åt mig! brast det slutligen lös ur hans pressade strupe, där adamsäpplet steg och sjönk i kragspringan, liksom Planeten i en marknadsskojares glasburk.

– Mauritiusmärket? Jaså, prinsens lilla tvåpenceare! Men jag tror jag redan tidigare framhöll för magistern att det inte är till salu.

– Ni måste sälja det åt mig! Hör ni det, ni måste!

– Det gör mig riktigt ont för magisterns skull, men jag kan inte.

Elis Bladh stirrade envetet på Asmodeus. Små svettpärlor sipprade fram i hans hårfäste och ansiktsfärgen föreföll nästan livid.

– Jag har här tjugufemtusen mark, som jag lyckades få ihop fast banken redan var stängd.

– Det var duktigt gjort av magistern, men det besväret är tyvärr förgäves.

– Jag har inte kunnat äta någon middag, fortfor Elis Bladh häftigt. Jag måste ha det där märket, kosta vad det vill, annars får jag aldrig någon ro.

– Har magistern försökt med valeriana? frågade Asmodeus deltagande.

Elis Bladh reste sig med något på en gång bönfallande och hotfullt i uttrycket.

– Ger ni märket för tjugufemtusen?

– Beklagar oändligt, men jag måste upprepa...

– Ger ni det för trettitusen, eller mer?

– Nej! svarade Asmodeus kort och skarpt.

Detta svar tycktes märkvärdigt nog lugna magister Bladh. Det spända ansiktsuttrycket försvann. Han stack varsamt plånboken tillbaka i vänstra barmfickan.

Men när han drog ut handen igen, var den krampaktigt sluten kring skaftet av en österbottnisk puukko. Med ett gurglande läte störtade han sig över Asmodeus.

Han hade riktat hugget mot brösttrakten, men just innan knivspetsen nådde tyget, fick Asmodeus sin motståndares arm i ett fruktansvärt jiujitsugrepp, som kom armen att slakna som en vissnad blomstjälk. Kniven dunsade i mattan.

Det var alldeles tyst i rummet några ögonblick.

Så böjde sig Asmodeus ner och tog lugnt upp kniven. Juho Järvinen, Kauhava, läste han på bettet. Han beslöt att införliva puukkon med sin souvenirsamling och gömde den därför i sin handväska.

– Kära magistern, sade han, är det så illa fatt? Det här sista hade jag ändå inte trott er om.

Elis Bladh hade emellertid sjunkit ner i en länstol, där han satt och gned sin värkande arm.

– Det är ett alldeles utmärkt grepp, det som jag använde, sade Asmodeus med en blick på massagen. – Om ni vill, så kan jag lära er det. Man vet aldrig när livhanken sitter som lösast, och då är det bra att ha lite fingerfärdighet.

– Jag måste ha Mauritius, sade Elis Bladh slött.

Asmodeus betänkte sig litet.

– Bon, sade han. – Det finns verkligen ett sätt. För pengar får ni det inte, men är ni villig att betala ett annat pris, ett mycket högt pris?

– Vilket då?

– Er själ.

– Varför ska ni skoja! sade Elis Bladh förebrående och återföll i sin förra apati.

– Jag menar vad jag säger. Teckna under det här kontraktet, och Mauritiusmärket är ert!

Asmodeus räckte fram ett exemplar av den förbindelse, som läsaren redan känner, ävensom reservoarpennan.

Elis Bladh läste den korta texten åtskilliga gånger.

– Inte har jag någon odödlig själ, sade han, jag hör ju till Prometeus!

– Så mycket mindre skäl för magistern att tveka.

– Naturligtvis skriver jag under, utbrast Elis Bladh förtjust. – Annars vore jag ju förbaskat dum. Om jag inte får det där märket, så blir jag osalig för hela mitt återstående liv! Och vad det där så kallade livet efter detta beträffar, så vet ju varje bildad människa i våra dagar att det är bara bosch.

– Ja, sade Asmodeus, det är underligt med de bildade människorna. De har vetat bra många olika saker under min livstid. Än är det bara jordelivet som duger, än är det rakt tvärtom.

– Voi fan ändå, sade magister Bladh, när man betänker hur okunniga och vidskepliga människorna har varit, så blir man både stolt och glad över att tillhöra en upplyst tid. Egentligen är det en förbaskad tur! Vi kunde ju lika bra ha blivit födda mitt under mörkaste medeltiden. Det skulle just ha varit snyggt!

– Säg inte det! sade Asmodeus. – Jag har mina bästa minnen just från den tiden.

Elis Bladh brast i skratt.

– Ni talar så att man nästan kunde tro att ni var med då för tiden, och ändå är ni knappt fyrti år.

– För all del, svarade Asmodeus, jag är ung nog att ännu få se många svängar i den stora långdansen.

– Ja, naturligtvis, inföll Elis Bladh tankfullt, bara vi får leva och ha hälsan. Egentligen är det väldigt spännande att leva!

– Alldeles min åsikt. Därför tyckte jag också lite illa vara när ni försökte kittla mig med er knif, som jag för resten hoppas ni tillåter mig att behålla som minne.

– Varsågod, varsågod! Men lova mig istället att ni inte berättar åt nån om den där tråkiga historien! Varför sa ni inte genast, att jag kunde få det där märket så här lätt? Det var bra orätt av er! Tänk nu om jag hade råkat begå ett mord bara för den skull – och alldeles i onödan!

– Det var kanske litet tanklöst av mig, medgav Asmodeus, men jag kunde aldrig ana att ni genast skulle ta till kniven.

– Jag är österbottning! sade Elis Bladh stolt.

Så skrev han under kontraktet och fick sitt tvåpencemärke. Hälsans rosor slog åter ut på hans kinder.

– Hör nu, herr Asmodeus, sade han nytert, kan ni inte säga mig för vems räkning ni skaffar de här intygen? Det är väl någon fnoskig utlänning, eller vad? Det lär ju finnas sådana där perversa människor i Paris, som kallar sig satanister. Eller är det en kuriositetssamlare?

– Ja, svarade Asmodeus, jag arbetar verkligen för en stor samlares räkning. En av de största som någonsin funnits.

– Det var väldigt intressant! Samlar han frimärken också?

– Nej. Som alla verkliga samlare har han specialiserat sig på en enda bransch.

– Ja, det måste man ju göra, sade Elis Bladh gillande. – Jag har också tänkt sluta med de främmande världsdelarna. Ja, jag tror nästan att jag gör det nu, när jag får en så fin avslutning.

Han klappade belåtet sin svällande barm, där Mauritiusmärket låg väl förvarat vid sidan av de inbesparade sedlarna. Så reste han sig för att gå, men Asmodeus visade sig obenägen att släppa honom genast.

– Jag måste be magistern om en liten återtjänst, sade han.

– Tänkte jag inte det! utbrast Elis Bladh smått ängsligt. – Men det är ju klart, hur fan skulle ni vara så dum och skänka bort Mauritius för ingenting!

– Magistern kan vara alldeles lugn, det blir inte alls blodigt. Jag ville bara ha några upplysningar om baron Adlerschantz, som bor här i översta våningen. Kan man göra affärer med honom? Samlar han någonting?

Elis Bladh fnös till av förakt.

– Samlar! Baron Adlerschantz! Jo, kanske svinaktiga fotografier.

– Jaså, på det viset. Han har alltså inga

– högre intressen?

– Inte som jag vet. Förr i världen sprang han efter varenda kjol i hela stan, men nu är det gudskelov slut med den roligheten, för han är närmare åtti.

– Hur är det med hans ätt, är den också gammal?

Magistern smålog överlägset.

– Det märks att ni är utlänning, sade han.

– Här i Finland frågar man inte mer efter bördens aristokrati, den har fått dra på trissor för andens adel. Nu är det vår tur! Men förresten så blev Adlerschantzarna adlade 1636 och baroniserade 1719. Min mormorsmor var svägerska till Mauritz Adlerschantz, så att förr i världen räknade vi nog släkt, fast översten är så viktig att han inte låss komma ihåg det.

– Löjligt! anmärkte Asmodeus, och så lät han magistern dra sina färde. Elis Bladh gick smådansande bort över plyschmattans rosenstig.

På grund av de erhållna upplysningarna beslöt Asmodeus uppsöka baron Adlerschantz ännu denna samma eftermiddag. Det slog honom plötsligt, att han träffat en person med detta namn hos Cora Pearl i Paris mot slutet av 1860-talet, då hela världen stod i kö i hennes antichambre,[1] och han började starkt misstänka att det helt enkelt var samma person. Världen är bra liten, i synnerhet för den som äger ett par sjumilsstövlar!

Först ansåg sig Asmodeus emellertid i behov av en nypa frisk luft.

Till den ändan gjorde han en liten promenad inåt centrum. Slumpen förde honom förbi en blomsterbutik, som gav honom den goda idén att skicka en bukett rosor till Ellen Blom.

"Ljuvt åt den ljuva!" skrev han på kortet.

Ty han hade märkt att hennes känslor var citat.

Kvinnan som upplever litteratur var honom inte obekant. Särskilt i början av 1800-talet hade denna typ förskaffat honom många angenäma stunder, som han gärna tänkte tillbaka på. Det var bara den nya terminologin han var något osäker i, men han hoppades småningom kunna inhämta det nödvändigaste, även om det föll sig en smula besvärligt.

I fråga om kärleksaffärer skydde han nämligen inga mödor, och han lät sig aldrig förtröttas av tillfälliga motgångar. Årtusendena hade inte mäktat släcka den känslans glöd, som under hans tidigaste fänriksår drivit honom till mandater av det slag man påbördar honom i *Tobie bok*.[2] Denna framstående publikation har visserligen i nyare tid blivit utdömd som apokryfisk, men anekdoten om Asmodeus och den vackra Sara bär inom sig alla kriterier på sanningsenlighet, och då den kastar ett klart ljus över vissa sidor av vår hjältes karaktär, vill jag här i korthet relatera fallet.

Asmodeus hade råkat förgapa sig i en vacker flicka vid namn Sara, dotter till en viss Raguel uti de Meders stad Rages. Förgäves flammade dock hans heta kärlekslåga. Med harm och grämelse nödgades han bevittna, hur den åtrådda ingick ståndsmässigt äktenskap med en ung man av familj.

Asmodei handlingssätt i anledning härav visar många beröringspunkter med rent mänsklig psykologi. Då han insåg, att han inte kunde få behålla läckerbiten för egen del, beslöt han så begå, att inte heller någon annan skulle få njuta av den sköna frukt, som så häftigt tjusat hans öga. Under bröllopsnatten infann sig Asmodeus i brudgemaket och vred helt sonika nacken av sin avundsvärda rival.

1 Förmak. – *Red.anm.*

2 Eller *Tobit*, en av Gamla testamentets apokryfiska böcker. – *Red.anm.*

Emellertid förlorade den vackra Sara varken humöret eller giftaslusten. Inom kort ingick hon nytt äktenskap – med samma resultat. Asmodeus gjorde ögonblickligen kol på även denna yngling. Så fortgick den spännande tvekampen en längre tid framåt. Inalles slog Asmodeus ihjäl inte mindre än sju herrar ”straxt de kom i säng till henne”.

Som man kan förstå, började Saras situation bli något obehaglig, så mycket mer som köksdepartementet i hennes faders hus fann saken suspekt och begynte utsprida äreröriga rykten om den sjudubbla änkan. För den skull påkallade herr Raguel ivrigt högre makters ingripande, med det goda resultat att ärkeängeln Rafael beslöt föra saken till ett lyckligt slut.

I detta syfte sällade sig Rafael till den unge Tobias, som var stadd på en affärsresa, och uppmanade honom att fria till Sara. Visserligen förfogade flickan ej över varma pengar, och det är ju alltid förargligt, men å andra sidan framhöll ärkeängeln att hennes blivande arv inte alls var att förakta.

Unge Tobias hade emellertid hört historien om de sju brudgummarnas beklagansvärda öde och yppade ingen större lust att vandra i deras blodiga fotspår. Hans betänkligheter skingrades först när ärkeängeln ryckte fram med ett ganska knepigt förslag till en krigslist, som ofelbart borde hålla Asmodeus på avstånd från brudlägret.

Saken var den, att Tobias en stund förut hade gått ner till stranden av floden Tigris i det särdeles lovvärda syftet att tvätta sina fötter. En väldig fisk hade därvid hoppat upp ur vattnet för att uppsluka honom, men på Rafaels inrådan hade Tobias gripit fisken i gälen och lyckats hala det grymma odjuret i land.

Nu rådde ärkeängeln alltså Tobias att ta fiskens hjärta och lever och placera dem på glödande kol i sängkammaren, så skulle röken nog fördriva Asmodeus, om han överhuvudtaget infann sig i mordiskt syfte.

Alltnog. Tobias anlände i sinom tid, jämte följeslagare, till Saras hem. Han blev vänligt emottagen av Raguel och bjuden på frukost, men förklarade helt frankt, att han varken ämnade äta eller dricka, innan Raguel gått in på att ge honom Sara till hustru. (Härav lär skeptikern att det faktiskt existerar fall av kärlek vid första ögonkastet.)

Tobie djärva offensiv kröntes med framgång. Han fick flickan. Under bröllopsnatten tog han mycket riktigt Tigrisodjurets inälvor och lade dem på glöd, som ärkeängeln föreskrivit. När Asmodeus sedan infann sig för att på hävdvunnet vis göra processen kort, drabbade den infama stanken hans känsliga luktorgan med en sådan chock, att han tandagnisslande måste dra sig tillbaka med oförrättat ärende.

Till råga på eländet stod ärkeängeln Rafael på lur där utanför, grep Asmodeus och band honom fjärran i den egyptiska öknen.

Så slutade den grymma lek.

I jämförelse med denna dramatiska kamp var det ju onekligen en bagatell som förestod Asmodeus i fråga om Ellen Blom: att lära sig några litterära floskler och leta fram mer eller mindre slående citat ur minnets skräpgömmor, för att dymedelst kunna slå an den ton som kom hennes sträng att dallra med.

Låtom oss emellertid återvända till vår hjälte, som vi lämnade på hemvägen från Pelanders blomsteraffär i sjö- och stapelstaden Helsingfors.

Den nordiska vårkvällen är ju egentligen ingenting annat än en parafrasering av Julias avsked från Romeo. Redan i maj kan solen knappast se sig mätt på det förtjusande släkte som hyvlar Esplanaderna. Endast med svårighet lyckas hon slita sig lös och efterlämnar i de kvarlåtnas sinnen en våldsam längtan efter je ne sais quoi. Den sista verkdagen uppstår en alldeles särskilt stark spänning i den andliga atmosfären tack vare sammanfallet med allas vår välbekanta lauantaiilta-trängtan. Vem undrar då på att Asmodeus smittades av miljön och anlände till Tunnbindaregatan 13 i ett tillstånd, som närmast påminde om ett lätt rus!

I trappan mötte han tant Fatiniza; hon kom nerrakande som ett skydrag. Trots den ljuvliga vårkvällen bar hon en stadig paraply i handen, ty hennes ben spådde regn.

– Nej si, herr Asmodeus! Jag är just på väg till sammanträdet hos Tuttu Pihlqvist. Nu ska vi lägga en liten mina under plantinerna! Det ska vi, det! Appsolut!

Och så stötte tant Fatiniza paraplyn i trappsteget så att det small!

En sådan levande kraft utgick ur hennes hand, att de förstenade småkrypen i den nötta kalkstensskivan för ett ögonblick vaknade ur sin tusenåriga sömn och glättigt viftade på sina svansar.

VIII.

Baron Fredrik Adlerschantz tillhörde en familj med rangplats i Sveriges och Finlands hävder. Jag vill inte göra mig skyldig till felet att börja ab ovo och trötta läsaren med en skildring av alla de lysande anorna och deras bedrifter. Det är nog att påminna om baron Fredriks farfarsfar, den framstående mösschefen Christian Eberhard Adlerschantz; han uppfann ett nytt sätt att ta mutor, som genom sin genialiska enkelhet, parad med otrolig effektiv kraft, väckte beundran och avund hos en samtid, som dock var van att ställa fordringarna högt i fråga om denna viktiga gren av medborgerlig verksamhet. Till följd härav blev baron Christian Eberhard en av den svenska frihetstidens förgrundsgestalter, en portalfigur i det fria parlamentariska styrelsesättets lysande historia.

Baron Fredriks farfar åter var en gråskäggig patriark då vårt sista krig bröt ut. Han fick offra sitt liv på fosterlandets altare under lika romantiska som tragiska omständigheter.

Som bekant brukade de artiga ryska officerarna tid efter annan inbjuda sina svenska kolleger till små trevliga picknicker för att förströ och pigga upp dem under den ansträngande flykten mot norden. Vid ett av dessa tillfällen råkade baron Mauritz Adlerschantz, patriarken, njuta väl mycket av välfägnaden. Han besvarade utförligt sina hövliga värdars intresserade frågor om tillståndet inom svensk-finska armén, vägarnas beskaffenhet och befälets planer. Då baron Mauritz i becksvarta natten skulle rida tillbaka till de sina, lät han tyvärr inte hästen råda, vilket är det klokaste i sådana fall, och följden blev att båda hamnade i en strid å och drunknade.

Baron Fredrik hade följt familjens militära traditioner och under årens lopp kommit sig till översteavsked och en nätt samling stanislaikor, som beredde honom livlig tillfredsställelse. Det centrala i hans liv hade dock varit kvinnan. Han visste med sig, att om det en gång vid yttersta domen skulle bli fråga om vad han skattade högst av allt det goda, som kommit honom till del under jordelivet, så kunde svaret inte bli mer än ett: kulminationspunkten, Faustögonblicket i hans liv inföll den majnatt, då han i daggryningen åkte över Paris' boulevarder med Cora Pearl vid sin sida, bara några månader efter det Hans Majestät kejsar Napoleon III för sista gången hedrat henne med sin allrahögsta gunst!

Nu var allt detta minnen blott, och baron Fredrik framlevde en torftig ålderdom med patiencen som huvudsysselsättning.

Dock klagade han ej. Minnets brokiga bilderbok var nöjsam att bläddra i, och blev längtan efter omväxling och spänning honom alltför stark, tog han fram en roulett och spelade djärvt mot sig själv enligt ett ofelbart system, som aldrig slog slint här hemma, fast det tyvärr hade hänt honom i Monte Carlo.

God och glad, som människan bör vara, bidade baron Fredrik döden, ehuru han livligt hoppades att det var långt dit ännu. Det smickrade honom att gå omkring som en av de sista representanterna för en gången tid. Med mycken värdighet uppbar han sitt vackra namn och sin så kallade podager, som ju onekligen var en av de fashionablaste i hela landet: förvärvad därnere i Paris under andra kejsardömet!

Denna lördagskväll satt baron Fredrik som vanligt med sina kära kortlappar i handen. Genom slitningen hade varje kort kommit att få vissa individuella särmärken på ryggen, varigenom den gode baronen besparades smärtsamma överraskningar. Han höll just på att lägga Den kapriciösa markisinnan för tredje gången, då Asmodeus ringde på.

Asmodeus blev nästan imponerad av den gamla ädlingens grandezza. Han hade ganska svårt att komma fram med sitt ärende. Baronen hade visserligen med en vacker gest, som man numera bara ser på teatern, bett honom sitta ner, men började snart visa tecken till otålighet, då han inte fick klart för sig vart Asmodeus ville komma med alla sina slingerbultar.

– Hör nu, vad fan vill herrn egentligen? utbrast han till slut för att göra slag i saken.

– Baron kommer strax att förstå mig, svarade Asmodeus vördnadsfullt.

– Vi befinner oss nu, fortfor han, i den undersköna månaden maj. Hela naturen vaknar till nytt liv, och även hos människan väcks känslor, minnen, tankar. Ungdomen jublar och begår dårskaper, men ålderdomen – vad gör den?

– Den lägger till exempel patience, sade baron Fredrik avspisande..

– Alldeles. Ålderdomen får sitta i vrån och öva sig i patiencens, det vill säga tålamodets konst. Är det inte så?

– Jo, visst tusan är det så, men det kan inte fan hjälpa.

– Måhända ändå, invände Asmodeus med ett vinnande smålöje; och efter en liten paus fortsatte han:

– Ursäkta, men baron är väl religiös, som alla gamla militärer?

– Naturligtvis, svarade baron Fredrik. – Den som har sett döden i vitögat måste tro på Vår Herre.

– Baron har alltså varit med i krig?

– Hm, tja, svarade baron Fredrik förargad över sin gästs närgångna frågor, inte direkt, precis, men det hade ju lätt kunnat bli krig medan jag tjänade. Då skulle jag naturligtvis ha varit tvungen att gå med och kanske blivit sårad eller helt enkelt ihjälslagen. Därför anser jag mig så att säga indirekt ha sett döden i vitögat, och i den situationen behöver man lite gudsfruktan, ska jag säga herrn. På fan tror jag för resten också.

Asmodeus nickade.

– Jag kunde tänka mig det, eftersom baron så ofta tar honom till vittne.

– Jag vet ju nog, fortfor baron Fredrik, att det är omodernt. Nu för tiden knystar prästerna aldrig ett ord om djävulen och helvetet. Men jag säger: vad blir det kvar av religionen om man tar bort djävulen? Bara pjoskeri och slaskvatten, som smakar liksom deras förbaskade pomril. Och vad blir det av hela spelet om man tar bort den ena spelarn? Jag spelar visserligen ibland roulett med mig själv, men det beror bara på att jag absolut inte *har* någon att spela mot. När vi nu en gång *har* en djävul, så begriper jag inte varför man ska försöka förklara bort honom. Herrn hör kanske också till de där inbilska nyhetsmakarna?

– Inte precis, svarade Asmodeus. – Det är tvärtom just på grund av mina förbindelser med Underjorden som jag söker opp baron för att göra ett storartat anbud.

Baron Fredrik smålog. Han trodde sig ha att göra med en stackars sinnessvag eller med en ovanligt fräck agent.

– Låt höra! sade han.

– Jo, jag kan gå baron till handa med ett osvikligt medel, som återger hundraåringar en ynglings krafter och förmögenheter.

– Och botar lungsot, fräknar, kräfta, hemorrojder och vårtor och kostar bara femton mark burken! Nej, vet herrn, jag har gett ut alldeles tillräckligt med pengar på humbugmedicin i mina dagar.

– Baron behagar skämta, anmärkte Asmodeus lugnt, – alldeles som i forna dar hos Cora Pearl.

– Va fan! skrek baron Fredrik. – Hur i helsike kan ni veta – –

– Vi möttes en gång i hennes vestibul, men jag var betydligt äldre den gången, så det är inte underligt att baron inte känner igen mig. Jag tror jag kallade mig vicomte de Maizeroy eller någonting ditåt.

Baron Fredrik reste sig hastigt.

– Hör nu – – ni är väl inte självaste – –

– Nej, för all del, jag är bara en av hans tjänare. Jag har här en liten provflaska av min dekokt, som baron får till skänks. Om medlet inte hjälper, så är jag en svindlare, såsom baron först trodde; visar det sig däremot att jag har talat sanning, så antar jag att baron kanske vill inleda underhandlingar med mig. Jag bor hos Edla Josefsson, men för övrigt kan jag ju ta mig friheten att själv höra åt i morgon.

Baron Fredriks tvivel vaknade åter.

– Ja, varsågod, sade han barskt. – Men det säger jag herrn, att om ni är en bedragare, så gäller det att akta baken i morgon.

– Min risk är lika med noll, svarade Asmodeus, och så tog han avsked och gick.

Den lilla flaskan stod kvar på bordet och sög till sig baron Fredriks blickar.

* * *

Asmodeus såg på sitt ur, som befanns visa halv åtta. Han var nöjd med sin dag. Det var ett bra stycke arbete han utfört, för att inte tala om vad han hunnit planlägga.

Han ansåg sig med skäl i behov av någon timmes vila, särskilt med tanke på tolvslaget. Men ödet hade annorlunda bestämt.

I tamburen träffade han till sin stora förvåning tant Fatiniza, som dystert ställde sitt paraply i vrån.

– Det blev inget möte, sade hon harmset, Tuttu Pihlqvist hade ont i magen.

– Så ledsamt! inföll Asmodeus deltagande.

– Oerrhörrt! sade tant Fatiniza med en suck. – Just när jag hade tänkt att vi skulle ha ett så härligt, fruktbringande möte. – – Vi skulle hitta på ett sätt att störta Plantin, medan han sitter på Monaco och pimplar. – – Och så går Tuttu Pihlqvist och blir sjuk! Det är oerrhörrt! Tänk om plantinerna har förgiftat honom? Jo, naturligtvis är det på det sättet! En sådan åsna jag var, som inte förstod det strax! Inte blir en ung, rask karl plötsligt sjuk av sig själv, inte! De har försökt röja honom ur vägen, de skurkarna, men det lyckades inte den här gången.

Asmodeus undfick en idé.

– Det är någonting jag ville tala med fröken om, sade han med låg, hemlighetsfull stämma. – Vill inte fröken vara god och stiga in till mig, så att vi får vara ostörda?

– Jaa, men – – jag vet inte riktigt om det passar – –

– Bästa fröken! utbrast Asmodeus, jag är en gentleman! Dessutom har jag ett mottagningsrum, så att fröken kommer inte att såras av någon opassande anblick.

– Nåja, i så fall.

– Fröken Kingelin, sade Asmodeus högtidligt, sedan han omsorgsfullt stängt dörren bakom dem, – är ni i stånd att göra en stor uppoffring för den ideella sak ni tjänar?

– Och det kan ni fråga! utropade tant Fatiniza indignerad. – Det är oerrhörrt!

– Så mycket bättre. Men hur mycket är ni beredd att offra?

– Allt! Appsolut allt!!

– Är fröken således beredd att testamentera sin själ till mig, om jag på ett eller annat sätt röjer Plantin ur vägen?

– Appsolut! ropade tant Fatiniza med entusiasm. – Men vad ska ni göra med min själ?

– Det kan jag tyvärr inte säga alldeles bestämt så långt i förväg, svarade Asmodeus, men jag får väl i alla fall betrakta det här som en bindande överenskommelse?

– Visst får ni det, appsolut! Men låt det gå fort, helst redan i afton, så att han får sitt straff samma dag han försökte förgifta Tuttu Pihlqvist.

Nu hade Asmodeus hört detta främmande namn upprepas så ofta, att det började irritera honom. Och han beslöt att bemäktiga sig Tuttu Pihlqvists själ.

Han försjönk i grubbel och antog ett mörkt ansiktsuttryck.

– Nej, sade han plötsligt, fröken får ursäkta, men jag tar tillbaks mitt anbud.

– Herregud! Men det är ju oerrhörrt att lura mig på den fason!

– Lönnmord är en allvarsam sak. Tycker inte fröken det?

– Jo, naturligtvis, i allmänhet, men herregud, när det gäller Plantin så är det ju bara en avrättning!

– Tja, sade Asmodeus, jag skall stå vid mitt anbud på det villkor att herr Pihlqvist avger samma förbindelse som fröken, men inte annars.

– Jag kan fråga honom med detsamma, han har flyttat sin telefon bredvid sängen. För si, vi brukar prata ett par timmar varje dag, och nu orkar han ju appsolut inte stå.

– Men är det inte litet oförsiktigt att diskutera en sådan här sak i telefonen? Var så god och nämn åtminstone inte mitt namn i samband med mordet.

– Herr Asmodeus kan vara appsolut lugn. För resten har jag egen apparat inne i mitt rum, så att ingen kan höra vad jag säger.

Så försvann tant Fatiniza på en stund. Vid återkomsten strålade hennes ansikte av glädje.

– Tuttu gick genast in på saken! Han blev så glad att han snyftade i telefon!

– Bra! sade Asmodeus. – Var vänlig och säg fru Josefsson att jag äter kvällsvard ute, men att hon kan ställa ett glas mjölk och några smörgåsar på mitt bord. Jag kommer antagligen att lägga mig sent i natt.

Därpå ringde Asmodeus efter en bil och åkte till restaurang Monaco.

IX.

– Finns herr Plantin här i afton? frågade Asmodeus rockvaktmästaren på Monaco.

– Ja då, han sitter ensam i lilla kaféet, svarade den store människokännaren.

Asmodeus gick in i lilla kaféet och varseblev ett kuvert omgivet av ett läckert smörgåsbord. Ölet fradgade i glaset, men ingen människa syntes till.

– Ha! tänkte Asmodeus, du har avlägsnat dig i ett litet ärende, men detta skall bli din ofärd!

Med dessa hemska ord på läpparna tog han fram ett pulver och hällde lite vitt i Plantins ölglas.

– Det skall väl hålla dig stilla ett par dar! mumlade han.

Och så slog han sig ner vid ett annat bord och ringde på servererskan.

Knappt hade Asmodeus hunnit beställa en portion, innan herr Plantin återvände till sin väntande kvällsvard. Han spetsade en delikat gravlaxbit på gaffeln och drack med välbehag en djup klunk öl.

När Asmodeus iakttagit detta, gick han fram till Plantins bord och sade med stark utländsk brytning:

– Goddag, herr Plantin!

Plantin lade förvånad sin gravlaxskiva till vila mot tallrikskanten.

– Herr Plantin inte kännas mig igen, min namn är Asmodeus, vi reser tillsamman Hamburg nach Köln fem, sex år tillbaka.

– Mycket möjligt, svarade Plantin, fortfarande något överraskad, – jag har så dåligt minne. Men var så god och slå er ner, om ni har lust.

– Jag tackar – tråkigt vara allena i ny stad – jag just komma Stockholm.

Någon verklig flykt kom aldrig över deras samtal, som man ju lätt kan förstå. De tärde sin aftonvard med ganska god aptit och blängde i smyg på varann. Sen kom kaffet och därtill hörande sprit.

– Tja, suckade herr Plantin och såg på sitt ur, va fan ska man egentligen ta sig till. Ska vi spela lite hassis?

– Mit Vergnügen! svarade Asmodeus. – Vad sort?

Herr Plantin tog en nypa småpengar ur västfickan, slog dem i bordet och täckte över med handen.

– Krona eller klave?

I avsaknad av triedern kunde Asmodeus inte se vilkendera sidan som hade överhand bland de plantinska mynten, men det var ju en smal sak för honom att förvandla flertalet slantar till krona, vilket han också gjorde.

– Krona! sade han därpå helt lugnt och strök till sig vinsten.

– Den spel jag inte spela förr, sade han. – En bra spel!

– Nybörjarflax! anmärkte herr Plantin och tog fram portmonnän.

På föga mer än en kvart hade Asmodeus plockat honom på allt vad han ägde av guld-, silver- och kopparslantar. Denna procedur kunde ha gått betydligt snabbare, förstås, men Asmodeus gissade ofta orätt för att inte väcka sin motståndares misstankar.

Herr Plantin blev inte så litet förargad över sin envisa otur och föreslog att de skulle övergå till sedlar och gissa på siffrorna i sedelnumret. Den väntade revanschen uteblev naturligtvis. Inom kort var Plantins plånbok tom, men nu var han på allvar i spelpassionens våld, och så satte han upp sin klocka och sin vackra kravattnål mot alla de pengar Asmodeus vunnit av honom på ett så avundsvärt enkelt sätt. Behöver jag nämna att Asmodeus korpade åt sig både klocka och nål?

Nu blev herr Plantin arg, som var och en av oss hade blivit det i hans ställe.

– Jo, det var trevligt! sade han något obehärskat. – Hur fan ska jag kunna betala min kvällsvard?

– Oh! den vara min sak! – Låta mig betala – jag bjudas! genmälde Asmodeus med artig iver.

– Ja, men min klocka då! Jag kan ju inte reda mig över söndagen utan klocka!

– Herr Plantin hållas en gång till – vinna allt tillbaka! sade Asmodeus uppmuntrande.

– Vad tycker ni jag skulle hålla med? En byxknapp kanske? Det är väl ungefär det värdefullaste ni godhetsfullt har låtit mig behålla.

Asmodeus tog den nyförvärvade klockan omhand och undersökte den noga, öppnade båda boetterna, kikade sakkunnigt på urverket och stoppade belåten sitt rov i fickan.

– Vackra klockan! sade han förnöjd.

– Tacka fan för det, när den har kostat fyrahundra mark! grymtade herr Plantin.

Asmodeus gjorde en liten konstpaus.

– Nu jag veta en metåd! sade han plötsligt, tog fram ett kontrakt och skrapade sig bakom örat med reservoarpennan.

– Herr Plantin skrivas under kontrakt – sen vi hålla – ni vinna allt tillbaka – klocka – nadel – gullpengar –

– Vad är det här för smörja! sade herr Plantin otåligt och ryckte till sig kontraktet. – Jaså, ni vill ha min själ också! Ni tycks vara en riktig liten fan, ni!

– Nu ja – herr Plantin inte vill – nu bra, sen vi låtas vara –

Och Asmodeus gjorde min av att vilja återta kontraktet.

– Bort med tassarna! ropade herr Plantin. – Ni vill fara av med min klocka, tror ni inte jag begriper så mycket, men det var lügen, det! Ta hit pennan bara, så håller vi en gång till, och då ska ni få se på fan, om ni inte har gjort det förr!

Och så förskrev den stackars herr Plantin sin själ, men behöll tillsvidare kontraktet.

Han tog fram sin sista femmarkssedel och beslöt att låta Asmodeus gissa på tredje siffran framifrån. En snabb blick upplyste honom om att siffran ifråga var en trea, varpå han skyndade sig att krama ihop sedeln i handen.

– Nå, alltså! Tredje siffran framifrån – udda eller jämnt?

– Jämnt! svarade Asmodeus med suveränt och berättigat lugn.

En kampryckning av triumferande lycksalighet genomfor herr Plantins kropp.

– Hit med klockan och pengarna och alltihop! Det är en trea, ha ha.

Hastigt vecklade han upp den skrynkliga sedeln för att verifiera sin uppgift. Han såg och såg och stirrade som en besatt. Ty nu stod där en fyra på treans plats.

Herr Plantin blev mycket blek. Plötsligt föll han baklänges i soffan som en död. Det var sinnesrörelsen som gjorde sin verkan i förening med Asmodei lilla krydda i ölglaset.

Asmodeus bemäktigade sig hastigt kontraktet och slog larm. Där blev en förfärlig uppståndelse. Hela restaurangen kom på benen. En läkare, som råkade befinna sig i matsalen, skyndade till, men kunde endast konstatera att livet flytt.

– Ach nej! inföll Asmodeus plötsligt, han inte varas död – riktigt sant – snart han leva igen!

– Hör nu herrn! sade doktorn med Vetenskapens hela förkrossande auktoritet i ton och blick, – lägg inte näsan i blöt när ni ingenting begriper. Det här är ett ovanligt vackert fall av hämorrhagia cerebri med lethal utgång.

– Ach nein, herr doktor! – morgon afton han gesund igen. – Pari!

– Ni är bestämt inte riktigt gesund själv! utbrast den uppretade eskulapen.

Asmodeus suckade och lämnade krogen efter väl förrättat värv.

Men inom sig tänkte han: Min gode man! Din inbilska tvärsäkerhet hade lätt kunnat kosta dig din själ. Ty du hade naturligtvis med förtjusning satt in den på din dåraktiga tro på vetenskapens ofelbarhet Men det hade varit riskabelt för mig att fortsätta käbblet, polisen kunde ha blandat sig i saken och tagit min dyrbara tid i anspråk. Alltså får du löpa den här gången. Men jag skall ha dig i åtanke, det kan du vara viss på!

Klockan närmade sig elva då Asmodeus åter överskred Edla Josefssons tröskel. Tamburen var mörk, men i samlingsrummet brann en rosafärgad låga. Inom dess trollkrets satt tant Fatiniza och en herre, som Asmodeus på grund av föreliggande indicier identifierade med Tuttu Pihlqvist.

De reste sig samtidigt och ilade Asmodeus till mötes.

– Vi vet allt! viskade tant Fatiniza dämpat, men med en exalterad underton i stämman. – Jag hade just telefonbud från Monaco av en diskerska som hör till vårt parti. Hur ska jag kunna tacka er?!

– Mitt namn är Pihlqvist, sade hennes följeslagare vördnadsfullt. – Jag har legat sjuk, mycket sjuk, men den glada underrättelsen gjorde mig genast frisk. – Nu börjar vi en ny tideräkning. Träldomen är förbi. När man en gång i framtiden går att hugfästa minnet av vår Saks heroer, kommer ert porträtt att hänga mellan fröken Kingelins och mitt.

Håren reste sig på Asmodei huvud.

– Det vore visserligen en utsökt ära, mumlade han, men sakens beskaffenhet gör att jag ändå inte gärna ville se mitt namn...

– Det är oerrhörrt! avbröt tant Fatiniza. – Ni tycks inte alls förstå att det är ett hjälte dåd ni nu har utfört. Tror ni att Wilhelm Tell skämdes?

– Nej, för ingen del, han skröt tvärtom på ett ganska osmakligt sätt – om man får tro Schiller –, men jag vill inte göra mig skyldig till samma faute och föredrar därför att stanna i det obemärkta. Men nu till affärerna!

Med dessa ord överräckte han till envar av dem ett kontrakt.

I det ögonblick de skrev under, var det inte långt ifrån att Asmodeus ångrade sig så smått.

– Vad de ska ställa till för ett liv därnere! tänkte han. – Adjö med husfreden när vi får dem på nacken!

Men nu var det för sent att ångra sig. Kontrakten låg där med prydliga underskrifter.

Tuttu Pihlqvist tryckte ännu en gång Asmodei hand till tack och så gick han sin väg.

Asmodeus följde tant Fatiniza med blicken ända tills dörren slöts bakom henne. I hennes ögon brann något av den eld, som livade och värmde de första kristna i lejonkulorna, på arenans sand och Neros fackelpålar.

För egen del kände sig Asmodeus lätt om hjärtat och full av glada förväntningar. Han hade god tid att vidta sina förberedelser till rendezvouset.

Med välbehag iklädde han sig en superb pyjamas med hallonfärgade snörmakerier, bestänkte sig med engelskt lavendelvatten, stoppade reservoarpennan och ett kontrakt i bröstfickan, slog sig makligt till ro i soffhörnet och mätte i blåskimrande rökringar minuternas långsamma frammarsch mot det betydelsefulla slaget tolv.

X.

När tolvslaget dallrat ut i matsalen, öppnade Asmodeus försiktigt sin dörr för att ljudlöst slinka ut i tamburen. Men den gamla dörren gav ifrån sig en hel melodi av klagande knarrningar och vinande gnisslingar, som med domsbasunens brutala tydlighet genomträngde det sovande huset.

Asmodeus kastade en förfärad blick på tant Fatinizas dörr, ty därifrån hotade den svåraste faran. Och mycket riktigt! Inom några sekunder kunde han konstatera omisskännliga rekognosceringsförsök därinnanför, som kulminerade i en hastig, ljudlös gläntning. Tant Fatiniza var ingen fåvitsk jungfru, hon hade inte glömt oljan till gångjärnen och låset. Icke heller hade Plantins avrättning lyckats utrota den gamla Eva inom henne; hon hade kvar sin forna kunskapstrångtan. Asmodei situation var uppenbarligen förtvivlad, ty han kunde absolut inte närma sig Ellen Bloms dörr utan att bli sedd. Här var räddningen lika svår att finna som en synål i en hölada.

Romantiken framsläpar som nådehjon en ömklig tillvaro i de moderna bekvämligheternas tidevarv. Våra dagars Romeo möter många prosaiska och futtiga hinder på sin väg till Julia. Och stundom får han lov att anlita försiktighetsåtgärder, som sannolikt skulle ha berövat hans svärmiska prototyp aptiten.

Asmodeus tillgrep nu i sin nöd en sådan åtgärd.

(Känsliga läsare uppmanas att hoppa över de närmaste raderna, ehuru det på sätt och vis kan vara nog så upplyftande att se, hurusom de moderna bekvämligheterna understundom nödgas tjäna romantikens syften.)

Skenbart lugnt och målmedvetet marscherade Asmodeus rakt in i den propra och luktfria och uppehöll sig där ett par minuter, varpå han drog i handtaget.

Denna brusande vältalighet överbevisade genast tant Fatiniza om rättmätigheten av hans förehavanden. När Asmodeus åter kom ut, var hennes lyssnande öra försvunnet, och han kunde obekymrat närma sig Ellen Bloms dörr. Han steg in, vred hastigt om nyckeln och tog en snabb överblick av den blivande skådeplatsen.

Scenen var väl arrangerad.

Därute vällde månskenets occiderade silverflöden bakom en rullgardin med springor på vardera sidan. I en kristallvas på divanbordet prunkade hans tunga, mörkröda rosor. Framför spegeln brann *de två ljusen.*

Själv stod Ellen med ryggen mot dörren och fäste upp sina askblonda hårslingor, som dock genom sin korthet verkade i någon mån illusionsstörande. Hon vände sig inte om då dörren öppnades. Asmodeus gick sakta fram och ställde sig bakom hennes vänstra skuldra. Deras ögon möttes i spegeln.

Nu drar vi oss diskret tillbaka för att återvända några timmar senare.

Asmodeus sitter bekvämt bakåtlutad i gungstolen och blossar på en cigarrett. Ellen Blom släcker de båda ljusstumparna, som osat i piporna sedan elden nått fyllningspapperet. Så låter hon rullgardinen flyga upp, men hejdar den plötsligt på halva vägen.

– Tror du att grannarna mittemot kan titta in? frågade Asmodeus.

– Nej, men jag blev så rädd för morgonljuset. Har du inte hört sagan om trollguldet, som förvandlades till vissna löv i soluppgången? Jag tror att kärleken är ett sådant trollguld.

– Det beror väl också litet på känslornas karathalt, svarade Asmodeus och knäppte cigarrettaskan bland de mörkröda rosorna.

Och då teg flickan.

Det började verkligen dagas så smått därute. Glesa stjärnor flimrade matt som utbrunna båglampor. Ellen Blom tog sikte på en av dem. Den stod rätt över en orappad gavel med svarta plåtskorstenar på krönet.

– Se, sade hon dämpat, där är Aftonstjärnan.

Asmodeus kunde bekvämt se stjärnan där han satt. Han visste mycket väl att det inte var Venus, utan β i Tvillingarna, men han ville inte bryta hennes stämning med några obehagliga idéassociationer.

– Intresserar du dig för astronomi? frågade han istället.

– Kolossalt! Vad är all annan vetenskap vid sidan av kunskapen om stjärnorna...

– Det är väl Camille Flammarion du läser?

– Neej, de här sakerna känner jag egentligen genom *Martin Bircks ungdom.* Läs om den boken när du får tid. Där finns också mitt öde. Det var genom den jag lärde känna mig själv.

– Men är det egentligen så lyckligt att lära känna sig själv? Tänk om man får skämmas för bekantskapen?

– Du är en underbar människa, sade Ellen Blom tankfullt.

Hon gick fram till honom och satte sig på den vassa gungstolskarmen och smekte hans hår.

– Jag visste strax att jag var i ditt våld, viskade hon. – Du hör till dem som kvinnorna måste älska. Du har någonting nästan diaboliskt i ditt väsen...

– Nå nå, nu överdriver du! invände Asmodeus blygsamt.

– Reser du i övermorgon? frågade flickan efter en paus.

– Ja, jag måste.

– Du får inte lämna mig så snart! Hör du det, du får inte!

– Jag måste. Men det är bara min kropp som lämnar dig, mina tankar, det bästa av mig själv blir kvar hos dig.

– Tag mig med! viskade hon febrilt. – Tag mig med ut i världen! Jag kvävs här hemma. Här vågar man inte tala – varje ord är en bumerang som man får igen, i ryggen. Här får man inte tillhöra den man älskar utan att bli utsatt för spioneri och skvaller...

– Du märkte det? Tant Fatiniza?

Ellen Blom nickade.

– Så där gör hon alltid, undslapp det henne, men ännu har hon inga bevis.

Denna lilla lapsus undgick inte Asmodeus, men eftersom Ellen Blom inte ett ögonblick gett sig ut för ett oskrivet blad, avstod han å sin sida från alla närgångna palimpsestforskningar.

– Älskade, sade han, jag kan inte ta dig med, hur gärna jag än ville. I övermorgon är jag borta. Vi vänder båda ett blad i livets bilderbok, och ingen vet vad som finns på det nästa. Kanske fula gubbar, kanske ingenting alls.

– Hellre då ingenting alls än fula gubbar! utbrast flickan med övertygelse. – Usch, när jag tänker på den där otäcka baron Adlerschantz som alltid glor på mig i trappan...

– A propos, inföll Asmodeus, du skall akta dig för honom de närmaste dagarna.

– Hur så? Är han farlig?

– Ja, för ögonblicket, men det går snart över.

– För resten är det bra fult av dig att tro att jag skulle tänka på någon annan man, nu när jag har dig.

– Det vill säga till i övermorgon.

– Nu är du stygg! Jag blir dig trogen hur länge som helst, ett helt år, nej, jag menar tio år, hundra år!

– Å, sade Asmodeus vemodigt, jag känner livet. – Du skall tillhöra andra män, liksom du tillhört mig...

– Aldrig! Du blir den sista mannen i mitt liv.

– Det vore inbilskt av mig att tro det. Men jag vill att du skall binda dig vid mig med ett oslitligt band, att du skall skänka mig din själ.

– Den är ju redan din!

– Ja, men jag måste be att få det skriftligt!

Och så fiskade Asmodeus upp skrivdonen ur bröstfickan.

Darrande av iver läste Ellen Blom kontraktets text och skrev under med driven kontorsstil.

– Gud, så förtjusande! sade hon. – Har du hittat på det själv? Eller brukas det därute i stora världen, bland lyxmänniskorna som vi häruppe läser så mycket om och aldrig får se?

– Nej, svarade Asmodeus med självkänsla, det är helt och hållet min idé.

– Det här är vackrare än i böckerna, fortfor flickan. – Man säger ju också att verkligheten är underbarare än dikten, och jag börjar nästan tro det. Tänk, att ingen författare har hittat på ett så härligt och tacksamt motiv! Jag borde verkligen själv begagna det...

Hon avbröt sig för ett ögonblick, men fortsatte beslutsamt:

– Jag skriver litet själv, ska du veta.

– Jag har länge misstänkt det, fast jag inte ville fråga. Vad är det om?

– En kontorsflickas roman. Jag vill visa hur mycket poesi det i själva verket finns bakom vardagslivets gråaste prosa. Och så skall det bli ett väckelserop och en stridsskrift. Det är bara vi kvinnor som kan och vill skildra livets största orättvisor och mörkaste skuggsidor. Tänk på *Onkel Toms stuga* och *Ned med vapnen* och *En förtappads dagbok*!

– Alldeles riktigt, sade Asmodeus med en dundergäspning, men vad finns det för pittoreska saker i kontorsflickornas liv, som kan jämföras med krig och slavhandel?

– Å! utbrast Ellen Blom, kontorsflickans liv är både krig för tillvaron och ett fullständigt slaveri. Tidigt om morgonen, medan alla andra sover, drivs hon ur sängen av väckarklockans obönhörliga pisksnärtar... Hon möter en likprocession av sorgsna tankar... Som visarn på ett ur går hennes liv runt, runt, en lång väg, och kommer ändå ingen vart – bara tillbaka till samma gamla siffror...

– Ja, sade Asmodeus matt, det finns ju människor som är predestinerade att hitta hår i livets soppa.

– Du talar så cyniskt hårt som bara en man kan göra. Men just därför älskar vi kvinnor er, för att ni är cyniska, hårda och... män.

Knappt hade hon yttrat dessa ord, förrän fru Josefssons matsalsklocka slog fyra cyniska och hårda slag.

– Älskade, sade Asmodeus och reste sig, nu måste jag gå in till mig.

– Men det är ju söndag i morgon...

Commissynpunkten var Asmodeus främmande.

– För mig är söndagen ingen vilodag, sade han.

– Vi träffas alltså inte mera...

– Hur så? I morgon kväll till exempel.

– En annan gång är en skälm, sade flickan med bortvänt ansikte.

Asmodeus fann sig föranlåten att kyssa henne med passion.

– Tror du mig nu?

– Ja, ja! Godnatt, älskling!

– Godnatt! Sov gott!

Han vände sig för att gå, men hon hejdade honom.

– Säg någonting! bad hon.

– Så gärna, men vad då?

– Någonting som jag sedan kan tänka på, när jag kommer ihåg dig.

Det dröjde innan Asmodeus' trötta hjärna lyckades klämma fram någonting passande.

– Du som älskar stjärnorna, sade han högtidligt, du vet, att om en stjärna slocknar i detta ögonblick, så lyser den för oss med oförsvagad glans ännu i många, många år. Så skall det också gå med vår kärlek.

– Så lyser den för oss med oförsvagad glans... mumlade Ellen.

Hon inristade varje ord i minnets vaxtavla.

– Så förtjusande! sade hon och föll honom om halsen. – Gud, vad jag älskar dig! Men gör för säkerhets skull en liten avstickare, liksom när du kom. Tant Fatiniza sover aldrig, den draken.

– Åjo, svarade Asmodeus med handen på vredet, i natt sover hon lugnt och stilla, för jag gjorde henne lycklig i dag på kvällen.

– Fy dig, vad du skämtar fult! sade flickan skälmskt och gav honom en kärleksfull avskedsklapp innan han försvann i den mörka tamburen.

XI.

Asmodeus väcktes av häftiga knackningar vid tiotiden på söndag morgon. Jungfrun anmälde att baron Adlerschantz befann sig i mottagningsrummet och nödvändigt ville tala med honom genast.

Det är alls inte angenämt att bli väckt innan man är utsövd, men vissheten att få begynna dagen med en fet fångst försatte Asmodeus i ett ganska soligt humör. Han smålog belåtet, måhända av flera orsaker, medan han iklädde sig den klädsamma pyjamasen. Till sin egen överraskning gjorde han till och med ett litet försök att gnola en glad slagdänga, men uppdagade därvid att han under förvandlingen glömt att förbehålla sig en njutbar sångröst. För den skull övergick han snart till visslingar.

– Jag ber tusen gånger om ursäkt! sade baron Adlerschantz livligt, sedan hälsningarna undanstökats. – Det är fan så oartigt av mig att störa er så här tidigt, men jag var så förbaskat rädd för att ni möjligen kunde resa er väg utan att söka opp mig. Jag var ju lite grov i målföret mot er i går. Men nu har jag haft ordentligt med bevis på att ni inte är någon skojare, och därför kommer jag för att höra hur det blir med vår affär.

– Baron vill köpa mer av min dekokt?

– Jo, det kan herrn slå sig i backen på!

– Men det är en dyr vara, det måste jag förbereda baron på.

– Sjung ut!

– Jag kan leverera ett kvantum som räcker för barons återstående liv...

– Men jag tänker leva minst tjugu år till, kom i håg det! Nu börjar det ju bli trevligt igen!

– Vi säger alltså en obegränsad kvantitet, som utlämnas genast, om baron går in på att förskriva sin själ till mig.

– Ni är alltså därnerifrån! sade baron Fredrik förtjust. – Nu får jag ju vatten på min kvarn, jag som alltid har hållit på fans existens. Det förargar mig alldeles förbaskat att jag inte kan tala om det här för pastor Silvan. Han är en av de där moderna sirapsprästerna, som inte vill höra talas om helvetet, utan bara om dödsriket, kantänka, och som inte tror på någon personlig djävul, utan det ondas princip, eller vad det nu är för smörja han brukar prata om.

– Baron kan vara lugn, sade Asmodeus, pastor Silvan skall nog i sinom tid få göra min bekantskap och komma på bättre tankar. Men här är kontraktet. Skriver baron under?

– Det finns tamme tusan ingen annan utväg för mig. Jag gjorde slut på hela provflaskan i går.

Medan baronen tecknade under kontraktet, gick Asmodeus in i sin sängkammare, tog fram en stor medicinflaska och fyllde den med vatten ur tvättkannan.

– Var så god! sade han, och så fick han kontraktet i utbyte.

– Jag hoppas baron inte kommer att ångra vår lilla affär.

– Aldrig i livet!

– Nej, men eventuellt efteråt.

– Tja, sade baronen eftersinnande, det kan ju så vara, men när jag riktigt tänker efter, så tror jag nästan att jag skulle ha hamnat därnere hos herrarna i alla fall. Så att egentligen är det en förbaskat god affär jag gör.

– Belåtenheten tycks vara ömsesidig, anmärkte Asmodeus artigt. – Men innan vi skiljs ville jag be er vara god och säga mig, var hovrådet Hahn vistas och på vilket sätt han lättast kan förmås att teckna under ett likadant kontrakt.

– Hovrådet har flyttat ut till sin egendom Rudolfsberg, som ligger i Hyvingetrakten, men något kontrakt skriver han inte under med mindre än att han blir baron. Jag har märkt, att det äcklar honom alldeles förbaskat när folk titulerar mig, så att för det priset är han nog till salu.

– Sapristi! sade Asmodeus och knäppte med fingrarna, det blir ganska kinkigt.

– Gudskelov för det! inföll baron Fredrik, jag är inte alls angelägen att få honom till kollega. Men, à propos ruttna gurkor, hur är det möjligt att innehållet i den här flaskan skall räcka i evighet, den är ju inte så stor.

– Baron kan späda ut vätskan hur mycket som helst utan att den förlorar i styrka, försäkrade Asmodeus med övertygelse.

– Jaså, på det sättet. Det är förbaskat fiffigt! Jag ber att få tacka er riktigt hjärtligt.

– För all del, ingen orsak i världen! Au revoir!

Asmodeus gjorde omsorgsfullt toalett till frukosten, som avåts klockan elva. Han kände sig helt varm om hjärtat vid mötet med Ellen Blom. Hon tog sig helt enkelt bedårande ut med sina klara ögon, som liknade friska, pärlande källor.

Tant Fatiniza rannsakade bekymrat Asmodei uppsyn.

– Herr Asmodeus har visst haft en dålig natt, sade hon deltagande.

– Tvärtom, den var härlig! – Det vill säga, jag har sovit alldeles förträffligt, tillfogade han efter en varnande sidoblick av Ellen Blom.

– Jassåå, sade tant Fatiniza sötsurt, då har jag väl misstagit mig. Jag hade annars tänkt rekommendera opium. Det hjälper alltid, appsolut!

– Oj oj, är det på det viset! inföll fru Josefsson. – Ja, det kan åtminstones inte bero på maten, för jag använder bara det färskaste och dyraste som finns på torget, så att det kan ingen komma och säga om mig, att jag har nån dålig mat.

– Men bästa fru Josefsson, det har ju ingen påstått, sade Asmodeus vänligt. – Fröken Kingelin har misstagit sig. Kanske det var en hörselhallucination?

– Kanske det, ja! svarade tant Fatiniza menlöst. – Eller också var det någonting annat. Vad tror du, lilla Ellen?

Ellen Blom ryckte märkbart till.

– Jag? Hur ska jag kunna veta det? Det är ju alldeles omöjligt!

– Kanske det, ja. Vi ska hoppas det, söta vän.

Ellen Blom blev alldeles röd.

– Det går ett rykte i stan, att tant och Tuttu Pihlqvist besöker varann sent på kvällarna! högg hon till helt oförmedlat.

Sylen och pepparkornet sprungo fram i tant Fatinizas ögon.

– Det är oerrhörrt! sade hon. – Det har plantinema spritt ut för att skada oss. De kan aldrig skilja på sak och person. De begagnar smutsigt bakdanteri som vapen i en principstrid!

– Nå, anmärkte fru Josefsson förnumstigt, nu är det i alla fall slut med den kommersen, för det står i *Hustasbladet* att Plantin är död.

– Nej, verkligen? utbrast Ellen Blom. – Nå, då tycker jag att tant kunde vara på lite bättre humör.

– Mitt humör? Vad är det med mitt humör? Oroa dig inte i onödan, söta Ellen! Tänk hellre på att sköta dig själv! Det är bra mycket viktigare. Eller vad tror herr Asmodeus?

– Jag är övertygad om att frökens närhet är en säker borgen för omgivningens dygd, svarade Asmodeus.

Och nu var frukosten till ända.

Asmodeus kunde inte få baron Adlerschantz' ord om pastor Silvan ur sina tankar. För den skull beslöt han att gå in i sin sängkammare och ta pastorn i närmare skärskådan förmedelst triedern.

Händelsevis föll det sig så, att pastor Silvan inte hade några förrättningar denna söndag, fastän han i allmänhet var en mycket eftersökt präst – den populäraste och mest anlitade i hela stan näst pastor Fallenius.

I det ögonblick Asmodeus tog pastor Silvan på kornet, var han ivrigt sysselsatt med att stuva om sitt universalgriftetal à fmk 50:– så att det kunde passa in på en gammal husjobbare och fähund, som han skulle jordfästa dagen därpå. Uppgiften var inte lätt, ty om den avlidne visste han ingenting annat än att denne med förkärlek skinnat änkor och faderlösa samt dessutom tyckt om småflickor, och det passar ju inte att beröra vid graven.

Bredvid honom satt pastorskan i en bekväm korgstol och läste tidningen.

– Hör du Evert, sade hon med ens, har du sett att Plantin är död.

– Nej, verkligen? När hände det?

– I går kväll. Begravningen blir på onsdag.

– Jasså.

Paus.

– Hör du Evert!

– Ja.

– Säg, tror du de tar Mikko Fallenius?

– Antagligen! Han ska ju ha alla rika lik. Numera är det ju så, att bättre folk här i stan uppskjuter att dö, om Fallenius råkar vara bortrest.

– Ja, det börjar bli riktigt löjligt. Som ingen annan skulle duga!

– Med det kortare formuläret döper jag som ingenting på åtta minuter och viger på tolv – och då är skålandet inberäknat. Jag undrar om Fallenius gör mig det efter!

– Aldrig i livet! Han borde för resten inte ha blivit präst, utan skådespelare. Alla fruntimmer i stan är ju som tokiga efter honom. Han lär ska ha tre oäkta barn.

– Nå nå, sade pastor Silvan ogillande, du ska akta dig för att sprida ut sånt där. Vi umgås ju i alla fall med Falleniuses.

– Ja, men jag tycker att man kan se det på Hélène, hon har blivit så tyst och underlig.

– Månne man nu egentligen kan säga det? Jag tycker när ni talar i telefon...

– Du sa ett ord! Vet du vad jag gör?

– Nå?

– Jo, jag ringer opp Hélène och frågar om fru Plantin ren har beställt Fallenius.

– Det kan du ju göra, men fråga nu först hur de mår och lite sånt där, annars ser det så misstänkligt ut.

– Du tycks tro att jag är bra korkad! sade pastorskan föraktfullt och gick bort till telefonen.

Asmodei människokännedom i förening med pastorns halvkvädna visa sade honom, att han lugnt kunde lägga ner triedern på en halv timme eller så. Det visade sig emellertid att han underskattat fruarna Fallenius och Silvan. Samtalet pågick i mer än tre kvart.

Pastor Silvan förstod av samtalets förlopp, att Plantins verkligen hade vidtalat Mikko Fallenius.

– Det kunde jag ha tagit gift på! apostroferade han sin återvändande maka.

– Ja, naturligtvis. Och tänk nu, jag har ändå varit klasskamrat med Emmi Plantin!

Nu visste Asmodeus allt vad han ville ha reda på. Här var för resten ingen tid att förlora.

Beslutsamt stoppade han triedern i fickan och kastade på sig överplaggen.

Två minuter senare ringde han på hos Silvans och anhöll om ett enskilt samtal med den något förvånade pastorn.

De slog sig ner bakom stängda dörrar i pastorns så kallade arbetsrum, som med större skäl hade kunnat kallas tupplursrummet, eftersom pastorn vanligen vilade ut här efter arbetet, som ju mest förrättades utomhus.

Ett ögonblick tänkte sig pastor Silvan, att han möjligen hade inför sig en själ i anfäktelse som sökte stöd och tröst, men vid närmare rannsakan såg Asmodeus knappast särskilt hjälpbehövande ut.

– Med vem har jag den äran – – –? frågade pastorn en hårsmån otåligt, sedan han förgäves väntat på frivillig presentation från besökarens sida.

Asmodeus hade beslutit hålla sig till sanningen för att experimentellt utröna dess existensmöjligheter och anseende bland människorna i modern tid. På grund av tidigare erfarenheter hyste han vissa dubier; i vad mån de nu bekräftades skall framgå av det följande.

– Jo, sade han, jag är demonen Asmodeus, som under namnet Asmodi omtalas i Tobie bok.

– Förlåt, sade pastorn, jag måtte bestämt ha hört galet.

Asmodeus upprepade långsamt sin presentation.

Pastorn stirrade på honom.

– Fy sabeln! tänkte han. – Karin är ju tassig!

Men Asmodeus genomskådade honom strax.

– Pastorn tror visst att jag lider av religiöst dille, men det är ett misstag. Jag är faktiskt den jag ger mig ut för. Här på jorden anser man mig – löjligt nog, för resten – vara vällustens demon. Pastorn har väl läst Tobie bok?

Äntligen fick pastor Silvan mål i munnen.

– Tobie bok, sade han med ett överlägset småleende, – den är ju apokryfisk.

– Det hindrar inte att jag är fullt autentisk, invände Asmodeus. – Pastorn gör orätt i att utan skymten av bevis förneka Underjordens existens.

Åter teg pastor Silvan ganska länge.

Plötsligt brast han ut i ett skallande gapskratt.

– Hör nu, hur mycket har Mikko Fallenius lovat er för den här lilla komedin? För det är naturligtvis han, som har skickat er hit för att sätta mig på prov, den lutfisken, den svavelpredikanten, den komedianten!

– Jag svär vid vad som helst att jag talar sanning! utbrast Asmodeus emfatiskt.

– Hälsa pastor Fallenius och säg honom att jag inte är så dum som han tycks tro. I tjugonde seklet har prästerna inte mera rätt att vara okunniga narrar, som förnekar den vetenskapliga forskningens solklara resultat. Ni kan gärna säga honom, att jag anser det vara en skandal att det fortfarande finns efterblivna och förstockade präster, som försöker skrämma människorna till gudsfruktan med löjliga sagor. Jag blir faktiskt rasande när jag tänker på den trafiken!

– Herr pastor! sade Asmodeus högtidligt. – Jag är inte utskickad av pastor Fallenius, jag kommer på eget initiativ för att förmå er att förskriva er själ till mig.

Nu fick pastor Silvan ett nytt skrattskov, som hotade att förkorta hans vandring i jämmerdalen, där han – inom parentes sagt – trivdes förbaskat bra.

– Allt bättre och bättre! ropade han. – Kanske ni har ett riktigt kontrakt?

– Jo, det stämmer, svarade Asmodeus och överräckte ett exemplar jämte blodpennan.

Pastorns glättighet snarare tilltog än minskades under lektyren.

– Och nu inbillar ni er antagligen att det här skulle skrämma mig? Inte sant?

– Jag förutsatte det verkligen som en eventualitet.

– Där ser ni! Vad var det jag sa! Men vet ni vad jag gör? Jo, jag skriver under, och det på fläcken!

Man kan inte säga att han brister i tillmötesgående! tänkte Asmodeus, medan pastorn fortfor i helig iver:

– Ni kan gärna offentliggöra det här dokumentet i tidningspressen, så att eftervärlden och kulturhistorien får veta, att det fanns åtminstone *en* upplyst och fördomsfri präst i Finland i början av nittonhundratalet.

– Jag vill inte direkt lova det, svarade Asmodeus, men jag kan ju tänka på saken.

Och så skulle då pastor Silvan till att teckna under kontraktet. Men nu inträffade ett psykologiskt fenomen.

När pastorn ånyo genomläste den korta, men betydelsefulla texten och såg blodet kvälla fram ur pennspetsen, drabbades han av ett atavistiskt bakslag. Han greps av en ångest, en oförklarlig räddhåga, som klart bevisar i hur hög grad även frigjorda själar är bemängda med jordiskt stoft och avfall från föregående generationers andliga hushållning.

Han avbröt sig mitt i förnamnet; en förlägen paus följde. Här stod hans rykte på spel. Han hade gått för långt i övermodiga försäkringar nyss för att nu helt snöpligt kunna ta tillbaka. Men samtidigt kände han allt starkare denna oförklarliga, oresonliga, idiotiska motvilja för att skriva namnet till slut.

Asmodeus höll andan av idel själsspänning.

Plötsligt, när nöden var som störst, fick pastorn en briljant idé.

– Får jag göra ett helt litet förbehåll? frågade han ansträngt likgiltigt.

– Det beror på. Hur vill pastorn ändra texten?

– Jag vill bara göra ett litet tillägg, så här:

"– – sin själ till innehavaren av detta papper, *förutsatt att pastor Fallenius inte jordfäster herr Plantin instundande onsdag*" – går ni in på det?

Det kan inte bestridas att pastorn såg helt knipslug ut efter sitt lilla påhitt.

– Varför inte, det kan väl inte vara så farligt! svarade Asmodeus och såg ännu knipslugare ut.

Pastorn gjorde alltså det nämnda tillägget i kontraktet och skrev sedan gladeligen under.

– Om ni publicerar det här i tidningarna, så lämnar ni naturligtvis bort mitt lilla förbehåll, som bara har privat intresse – eller hur?

– A la bonheur! svarade Asmodeus med en generös åtbörd.

De båda herrarna kände plötsligt en stark sympati för varann och skildes under översvallande vänskapsbetygelser, såsom fallet plägar vara efter affärstransaktioner, där vardera parten inbillar sig ha lurat den andra.

Asmodeus stannade några ögonblick i trappan för att pusta ut efter den lilla sinnesrörelse pastor Silvan berett honom. Umgänget med präster har nu en gång för alla den egenheten att försätta Underjordens representanter i en viss affekt. Inom kort var Asmodeus emellertid åter herre över sig själv.

Som Gustaf Eytzings dörr befann sig mitt emot, beslöt han ringa på för att ta reda på hur häradshövdingen skött sitt uppdrag vis-à-vis löjtnantskan Winberg och fru Bladh.

Det dröjde onaturligt länge innan Gustaf Eytzing behagade öppna.

Flera omständigheter tydde på att häradshövdingen kvällen förut eftertryckligt krympt sin utnämning till den lukrativa posten som Underjordens ombud. Hans andedräkt tydde på förtäring av jästa och brända drycker, och hans svar avgavs i ett hest morrande, som gjorde dem svåra att dechiffrera.

Asmodeus fick emellertid klart för sig, att Gustaf Eytzing verkligen haft den planerade sammankomsten med de Bladhska damerna på lördagseftermiddagen och därvid fått deras namnteckningar under kontrakten.

– De misstänkte alltså ingenting?

– I helsike heller! Jag lät dem skriva under sexton papper, gamla protokollkoncept och gud vet vad. De var så heta på gröten att man kunde ha fått dem att stå på huvet på Senatstorget.

– Skönt! sade Asmodeus och gav sitt ombud en gillande klapp på skuldran. – Jag tror nästan att du är förtjänt av lite extra för besväret. Du hade visst någon annan sammankomst senare på kvällen, som kanske blev en smula dyr?

Häradshövdingen grymtade uttrycksfullt.

Asmodeus lade en 500-markssedel på bordet och gick. Hans steg var lätta. Tio kontrakt låg nu i hans plånbok; de två sista var visserligen undertecknade med vanligt bläck och sålunda i avsaknad av affektionsvärde, men ändå juridiskt fullt bindande.

– Nu kommer det besvärligaste av alltsamman, tänkte han. – Hovrådet Hahn blir ingen lätt nöt att knäcka.

Så gick han ut på gatan i det flödande solljuset. Staden låg längtansfull som en ny Danaé och bredde ut famnen mot guldregnet från ovan.

XII.

Försänkt i djupa tankar flanerade Asmodeus neråt Gräsvikshamnen, inte alls därför att han skulle haft något ärende ditåt, utan helt enkelt emedan näsan råkade peka i den riktningen.

Omsider bar hans intensiva tankeverksamhet frukt. Beslutsamt gick han till en början och ställde sig bakom ett plank, där ingen kunde se honom. Han gjorde emellertid inte alls det som läsaren tänker på, utan han underkastade sig en ny förvandling, betingad av den strategiska plan han uppgjort för erövringen av hovrådet Hahns själ. Denna gång tog han mandom i en äldre gentlemantyp av vördnadsbjudande utseende, iklädd automobilpäls och glasögon.

Därpå framtrollade han oförtövat den tillhörande bilen, en liten förnäm elektrokupé med plats för två inom det glänsande karosseriet. Så satte han sig vid ratten och susade i väg utåt landsvägen till Tavastehus.

Strax bortom Vanda stannade Asmodeus och tog sig en titt genom triedern. Avståndet till Rudolfsberg var precis sju mil, varför bilden blev något suddig, men han kunde i alla fall urskilja en allé, som ledde från landsvägen upp till huvudbyggnaden. Hovrådet självt promenerade omkring i sin köksträdgård; hovrådinnan åter hade dragit sig tillbaka till sängkammarens fridlysta mark och sysslade med någonting som företedde en fatal likhet med beskärning av liktornar, men vi kan ju hoppas att här förelåg en synvilla.

Vid gott mod fortsatte Asmodeus färden i det strålande majvädret.

Ett stenkast från allén till Rudolfsberg saktade han farten, men styrde samtidigt rakt på en av de tjocka lindarna vid porten. En häftig skräll, klang av krossat glas, och den dyrbara maskinen stod där illa ramponerad.

Asmodeus hoppade genast ur, kastade av sig pälsen och började spatsera uppför allén.

Hovrådet Hahn hade emellertid hört braket vid kollisionen och skyndade strax neråt porten för att ta reda på vad som hänt. De båda herrarna möttes ungefär mitt i allén.

– Min herre! utropade Asmodeus på franska. – Vilken olycka! Mitt liv var i fara! Automobilen förlorade styrförmågan och rusade rakt på ett träd. Maskinen är illa skadad, den kan inte repareras på platsen. Till min ledsnad ser jag mig tvungen att anhålla om ert bistånd för att kunna komma till närmaste järnvägsstation. Tillåt att jag presenterar mig.

Härmed överlämnade Asmodeus ett elegant visitkort, likaledes på franska:

GREVE ASMODEUS.
Överhovjägmästare.

Hovrådet Hahns stela rygg slaknade med ens och panaman flög som en påskjuten kråka från hans kala hjässa.

– Oändligt charmerad! sade han. – Mitt namn är hovrådet Hahn.

– Jag befinner mig på en liten turistutflykt, upplyste Asmodeus, men min tid är dyrbar. När kan jag vara tillbaka i Helsingfors igen?

– Det går visserligen ett tåg klockan fyra, svarade hovrådet, men jag bönfaller som en nåd att herr greven ville hålla till godo med vår enkla middag. Vi äter klockan fem, nästa tåg går halv åtta, och så är herr greven i Helsingfors strax efter nio. Vågar jag hoppas?

– Å, ni är verkligen alltför älskvärd! sade Asmodeus med ett förbindligt leende. – Om jag kan vara förvissad om att inte störa, accepterar jag med tacksam förtjusning ert förslag, ty jag vill inte bestrida att den friska lantluften väckt min aptit.

Den väluppfostrade läsaren kan själv bilda sig en föreställning om samtalets fortsättning. De båda ädlingarna överhöljde varann med franska språkets vackraste ord, vilket som bekant inte vill säga så litet. Och när hovrådinnan hunnit klä om sig i siden och blivit vederbörligen föreställd, höjde sig snart en ljuvlig treklang mot Finlands vårblå himmel.

Efter den splendida middagen lämnade hovrådinnan de båda herrarna på tumanhand. De många och goda vinerna hade fört dem ännu närmare varann, och samtalet antog så småningom en nära nog förtrolig karaktär.

– Er familj är naturligtvis besläktad med baronerna och grevarna Hahn i Estland? frågade Asmodeus helt en passant efter en tillfällig paus.

– Javisst! svarade hovrådet, som i denna punkt ställde tron framom vetandet.

– Hur kan det komma sig att ätten inte är friherrlig i Finland?

En sky drog över hovrådets nyss så solljusa anlete.

– Jag har förgäves forskat efter orsaken, svarade han. – Antagligen har någon av mina förfäder helt enkelt lämnat bort titeln.

– Det var ett fatalt påhitt! anmärkte Asmodeus och ruskade ogillande på huvudet.

– Javisst, för fan! utbrast hovrådet upprört. – Jag måste väl bäst inse det själv, jag som får lida för hans enfald.

– Ett adligt namn är bra att ha, tvivelsutan, fortfor Asmodeus, men jag, som från födelsen rört mig bland the upper ten, kan i förtroende meddela er, att man i våra kretsar hela världen runt helt enkelt inte räknar med ograduerade personer, om jag så får uttrycka mig. Vi blir alldeles för många om simpla adelsmän räknas med, och därigenom försvinner exklusiviteten, som är idéns kärna. Det gör mig ont att se en man som ni, herr hovråd, står under strecket, utanför portarna, om jag så får säga. För att inte alls tala om er fru – hennes apparition formligen ropar på upphöjelse ur det vulgära!

– Herr greve, utbrast hovrådet förkrossat, vad vill ni att jag skall göra? Jag begär ju ingenting bättre, önskar ju ingenting högre här i livet, men det är inte så lätt!

– Har ni försökt?

– *Om* jag har försökt!

– Men tydligen inte tillräckligt energiskt.

– Jag har ännu aldrig låtit ett tillfälle att göra mig påmind gå mig ur händerna.

– Ni har kanske inte förstått att hålla er framme vid höga besök och andra lämpliga situationer?

– Jag svär att jag gjort allt som stått i mänsklig förmåga, det vill säga utan att man direkt komprom – – –

– Ni har kanske – förlåt min frispråkighet – varit alltför styv i ryggen?

– Hur kan ni tro något sådant, herr greve! Men jag skall säga er, att förhållandena här i landet gör saken ganska komplicerad. Människorna är så misstänksamma... Ni förstår, man har så trång synkrets här... gamla fördomar... det går inte an att så där utan vidare...

Asmodeus nickade.

– Jag förstår vad ni menar. Men jag anser att ni inte bör uppge hoppet. Jag har fattat en sådan sympati för er, att jag gärna vill använda hela mitt inflytande till er förmån, och utan att förhäva mig kan jag påstå, att min rekommendation är av en viss betydelse, i synnerhet tack vare min gemål. Hon är nämligen en av Rasputins allra intimaste väninnor. Om ni följer mina råd, skall ni nå ert mål före årets slut.

– Herr greve! viskade hovrådet tillintetgjort.

– Men ni känner ju ordspråket om tjänster och återtjänster? Jag ser mig tvungen att anhålla om – – –

– Hur... hur stor är summan? stammade hovrådet med en viss oro.

– Summan? sade Asmodeus och krökte lätt på överläppen. – Här är inte alls fråga om någon summa.

– Å, utropade hovrådet, jag är förtvivlad! Jag vet inte vad som kom åt mig! Ni måste verkligen ursäkta!

– Nej, fortfor Asmodeus utan att ta notis om hovrådets exklamationer, här är fråga om någonting helt annat. Det gäller en passion, en samlarmani hos mig, som kanske kommer att förefalla er något märkvärdig. Jag ber er komma ihåg, att jag tillhör en urgammal ätt, där rasförfiningen kanske medfört vissa psykiska degenerationsfenomen. Så har åtminstone läkarna förklarat saken. Alltnog, jag önskar att ni förskriver er själ till mig. Jag har redan en ganska stor samling sådana förbindelser, och den bereder mig faktiskt ett utomordentligt nöje.

– Nej, så intressant! inföll hovrådet livligt. – Kanske herr greven har på sig några stycken som jag kunde få se?

– Var så god! sade Asmodeus och sökte fram ett par kontrakt.

Hovrådet betraktade dem med tindrande ögon.

– Hur många generationer behövs det för att frambringa en sådan här passion? frågade han med andakt i rösten.

– Fråga mig inte! svarade Asmodeus med en trött åtbörd. – Jag har aldrig orkat räkna dem. Men tiden lider, revenons à nos moutons! Skriver ni under?

– Jag måste tala med min hustru först, svarade hovrådet tvekande. – Jag har nämligen för vana att fråga henne till råds i alla viktigare angelägenheter.

– Gärna för mig, men då måste jag också yrka på er frus lilla autografi. Hovrådinnan inkallades och fick del av förslaget.

En röd fläck, stor som en tiopennisslant, steg upp på vardera kinden och bar vittne om svallningen i hennes inre. Men hon behärskade sig och frågade i kort, affärsmässig ton:

– Vad bör min man alltså göra för att bli baron?

– Jo, min fru, svarade Asmodeus, saken förhåller sig så här: en häftig epidemi av mul- och klövsjuka har utbrutit i de södra guvernementen, skadorna uppskattas till många miljoner och tillståndet förvärras från dag till dag.

– Ja, det är sant, tillfogade hovrådet, jag läste just om det i tidningen.

– Gott. Nu råder jag alltså hovrådet att med det första utrusta en flygande kolonn av veterinärer, som i ert namn skickas dit. Jag drar försorg om att saken blir vederbörligen inberättad, och i kraft av mina relationer garanterar jag att jag kan leda saken till ett lyckligt slut.

– Men kostnaderna? invände hovrådet svagt, fastän han redan var vunnen. – Jag kan inte uppoffra alltför mycket. Vad tror herr greven att det kan stiga till?

– Bästa hovrådet, ingen människa begär att ni personligen underkastar er oskäliga uppoffringar. Ni kan ju till exempel öppna en insamling bland era underordnade på byrån och andra personer, som är beroende av er. Huvudsaken är att det går i ert namn, *herr baron!*

Det blev alldeles tyst.

Det ryckte i hovrådets mungipor, det blänkte vått i hovrådinnans ögonvrår. Snyftande föll de i varandras armar. Asmodeus vände diskret sin blick från denna gripande familjescen.

– Det finns i alla fall en rättvis Himmel! sade hovrådinnan och snöt sig i sin lilla spetsnäsduk.

– Ja, svarade hovrådet med skälvande stämma, tron på den belönande Försynen har alltid hållit mig uppe och skall förbli mitt rättesnöre, nu och allt framgent, amen!

De lyckliga makarnas händer darrade så, att de knappt kunde hålla i reservoarpennan. Hovrådet ämnade först, av gammal vana, bekräfta sin underskrift med ett sigill, men avstod vid tanken på de fattiga fem taggarna.

I själva avskedets stund förstod Asmodeus att vinna de sista rottrådarna av hovrådinnans hjärta genom en oförliknelig gest: han skänkte henne sin havererade bil, som även i skadat skick var värd något tiotusental.

Hovrådet självt åkte med sin oförglömliga gäst till järnvägsstationen.

* * *

Vid ankomsten till Helsingfors befann sig Asmodeus vid så briljant lynne, att han föll offer för människobarnens skötesynd lättsinnet. Istället för att allvarligt övertänka, hur han borde bära sig åt för att förvärva den trettonde själen, bjöd han Ellen Blom på supé, drack mycket och levde rövare, tog föregående nattens äventyr da capo och var med sig själv och hela världen oändligen wääl tillfreds.

XIII.

Klockan 9.48 på måndagsmorgonen intågade en positivspelare genom porten till Tunnbindaregatan 13.

Han etablerade sig invid soplåren rakt under Edla Josefssons köksfönster och lät höra några av den moderna tonkonstens mest uppburna verk, från *La Paloma* till *In der Nacht.* Dessutom medförde han en markatta i röd kolt, ett par korsnäbbar i bur, gulnade och starkt punkterade fotografier av undersköna kvinnor, som verkat här på jorden mot slutet av förra seklet, samt en proppfull låda med Temperamentsblad.

Det var alltså en helt vanlig positivspelare, som på intet sätt skulle ha varit förtjänt av vår uppmärksamhet, om han inte av högre makter blivit ombetrodd med en viktig roll i denna historias slutscener.

För det första ryckte positivets toner Asmodeus ur ett dvalliknande tillstånd mitt emellan dröm och halvvaka, varunder han bland annat tyckte sig undfå storkorset av Belzebubs husorden. Denna angenäma sensation fördunstade naturligtvis vid uppvaknandet, som till på köpet inträffade mitt under O dolce Napoli, varvid idéassociationskedjan Neapel – Vesuvius – Underjorden – Aziel – förspilld tid – förlorat vad helt osökt inställde sig och klirrade olycksbådande, speciellt med de sista länkarna. Asmodeus blev helt enkelt desperat. Lyckligtvis råkade programmets följande nummer uppta en hurtig onestep, som tvang honom att hålla samma raska takt vid kalsongernas pådragande och för resten hela den ledsamma påklädningsceremonin igenom.

Sonen av solig söder räddade sålunda Asmodeus ur hans överhängande fara att försova sig. Men hans mission var inte uttömd härmed; han var förutbestämd att på ett avgörande sätt ingripa även i änkefru Edla Josefssons öde.

Fru Josefsson hade börjat sin dag med ett förfärligt gräl i köket, som på hävdvunnet vis slutade sålunda, att hon grät en liten skvätt och sade upp Engla. Men den förskräckliga människan svarade hånskrattande, att hon hade det bra som det var och inte alls umgicks med planer på flyttning.

Bedrövad in i djupet av sin själ begav sig Edla Josefsson upp på vinden för att sortera smutsigt linne. Hon tänkte med bitterhet på de vedermödor en stackars kvinna har att genomkämpa när det inte finns någon karl i huset.

Aldrig skulle hon ha behövt finna sig i Englas konster om bara hennes man hade levat. Som känt kunde han ryta åt pigorna så att det var en fröjd! Men nu stod hon ensam i världen, utan hjälp och beskydd, och kunde inte få Engla ur huset med egna krafter, och därför återstod ingenting annat än tiga och lida tills Döden-Befriaren kom och tog någondera av dem. Dock hoppades hon att förlossningens timme inte skulle slå – för henne själv, nämligen – innan hon fått hem tvätten och hunnit se om pelargoniorna skulle blomma, som hon köpt på torget för över tio mark.

Vid tanken på döden började tårarna ånyo tillra utöver Edla Josefssons kinder, och hon stod just i beråd att snyta sig i en bordduk, då positivets första suck brast lös på gården och tonvågorna kom inhoppande genom det trasiga vindsfönstret.

Änkefru Josefsson stelnade i attityden.

Detta var ett tecken från himmeln! Där nere skulle hon söka svaret på sina förtvivlade frågor.

Hon plockade fram en tiopennisslant ur sin portmonnä – en trotjänare, inom parentes sagt, som vid kokning skulle ha avgivit beaktansvärda kvantiteter såpa. Därpå skyndade hon nedför den branta vindstrappan utan hänsyn till liv och lemmar. Hon kom sig inte ens för att stänga dörren, fastän hon annars brukade vädra tjuvar i varendaste vrå.

Utan ett fåvitskt ord räckte hon slanten åt italienaren och pekade på den hemlighetsfulla lådan, som inom sina trånga, smutsiga väggar gömde på så många människors kommande öden.

En gång förut, som växande flicka, hade Edla Josefsson rådfrågat ödet på detta sätt. Och det var sannerligen underbart, hur allt fanns förutsagt som sedan hände henne: den svåra scharlakansfebern, resan till Kuopio, förlovningen med Konrad, väninnornas avund och all världens falskhet och svek.

Sedan dess betraktade hon positivoraklet nära nog som en gudomlig institution, och hon ogillade skarpt den vanliga oseden att jämt och samt köpa Planet för de minsta orsakers skull och sedan grina åt spådomarna.

Det var därför med en känsla i släkt med andakten, som fru Edla nu betraktade den kloka korsnäbben. Efter lång och allvarlig begrundan tog den ett av de hopvikta bladen i näbben och räckte fram det.

Just i detta spännande ögonblick stack Engla ut huvudet genom köksfönstret och skrek med vittbärande stämma:

– Hej jessus! Ska frun köpa lyckan åt sig för tisikan!

Änkefru Josefsson rodnade av rättmätig förtrytelse. Hon beslöt att inte läsa sitt öde därute på gården, ett föremål för dussintals nyfikna blickar, utan drog sig hastigt in i kökstrappan. Med återhållen andedräkt läste hon

Oraklets Röst
från
Lyckans Stjärna.
Lycko- och framtidsblad.

> Planeten tyder att du är gudfruktig och därtill mycket barmhärtig och hjälpsam. Vid gott lynne är du en blygsam men äregirig brunette, eller undantagsvis en blondine med starkt färgat hår, vilket förtrollar alla. Du har och får ännu många motgångar, men var förnuftig och handla visligen, så erhåller du lyckan, dock inte strax, ty ännu är den avlägsen men väntar dig.

Tillsvidare hade allt slagit in, men ännu hade Edla Josefsson inte funnit någon direkt anvisning hur hon borde begå för att "handla visligen". Det var därför med stegrad sinnesrörelse hon övergick till senare avdelningen:

Svar.

> Du skall akta dig för ett fyrfota djur. Var ihärdig så övervinner du din motståndare. Du har i ditt hus en elak person som vill dig ont. Ditt företag skall svårligen lyckas. Dock genom en mörklätt mansperson, en långväga resande, skall du erhålla det; förutsatt att du lyder honom och inte är oförnuftig eller envis.

En darrning genomfor Edla Josefssons gestalt. Det verkade nästan hemskt att se med vilken minutiös noggrannhet Planeten utmålat hennes belägenhet – inte ens katten saknades! Men det gladde henne oändligt att hon förstått försynens vink och följt den.

Ty nu behövde hon inte längre misströsta eller ens sväva i ovisshet om det håll, varifrån hjälpen skulle komma. Denna mörklätta mansperson, denna långväga resande kunde ju absolut inte vara någon annan än den fina, snälla herr Asmodeus. Om han nu bara ville vakna riktigt snart, så att hon kunde öppna sitt hjärta för honom!

Lyckan var Edla Josefsson alltigenom bevågen. På slaget ½ 11 steg Asmodeus in i matsalen, där spritlågan ännu flämtade under morgonkaffet enkom för hans räkning.

– Det var ett himla oljud som fördes här för en stund sedan! sade han retligt med tanke på positivspelaren, som han dock stod i så stor tacksamhetsskuld till.

Edla Josefsson missförstod honom.

– Ja, sade hon, här har varit så mycket tråkigheter hela morron, så att gud vet hur den här dagen riktigt ska sluta. Få si, få si, så blir det en sån där falbsdag för oss allihop. Först var det fröken Kingelin, som fick telefonbud från herr Pihlqvist, att det går ett rykte i stan att Plantin int var riktigt död utan bara si så där skendöd, och så måstest hon ut för att ta reda på hur det riktigt må vara. Men hon är nog snart här igen, hon är ju så flinker och expedit av sig.

– Tjänare! tänkte Asmodeus. – Hier ist meines Bleibens nicht!

Det sista var ett citat ur den tyska grammatik, varmed man i helvetet pinar fördömda fransmän.

– Och sen så hade jag ett sånt hiskeligt krakel i köket med den där Engla, så att herreduminskapare! Hon blir värre för var dag som gud ger, och jag är int strånd att få henne ur huset fast va sku vara, för int bryr hon sig om vad ett fruntimmer säger. Det måste vara en mansperson – – –

Edla Josefsson teg ett ögonblick och närmade sig försiktigt Asmodeus, som sörplade i sig det heta kaffet på ett ganska ociviliserat sätt.

– Snälla herr Asmodeus, herr Asmodeus har varit så förskräckligt söt och rar, att jag riktigt blir vemodig när jag tänker på det, och nu tänkte jag be om herr Asmodeus vill vara så innerlig näll och göra mig en stor tjänst och säga opp Engla.

Asmodeus lystrade till.

– Det blir inte så lätt, sade han betänksamt.

– Nej, jag vet det nog, och det är ju förskräckligt illa att jag ska vara så skamlös mot herr Asmodeus, som är så rysligt fin och rar, men jag vet mig ingen levandes råd.

Återskenet av en inre blixt upplyste för en sekund Asmodei mörka anletsdrag.

– Fru Josefsson är således mycket angelägen om att bli av med köksan?

– Ja, herrijestandes, jag blir så glad att jag hoppar till mån, om herr Asmodeus skaffar henne ut ur huset i denna dag!

– Gott! sade Asmodeus. – Jag skall göra det, men på ett villkor. Fru Josefsson måste skriva sitt namn på det här papperet.

Han tog fram ett kontrakt och räckte det åt sin värdinna.

– Voi voi ändå! utbrast Edla Josefsson, ett rov för stridiga känslor. – Konrad avlidne – min man – han sa alltid: skriv int aldrig ditt namn på något papper, sa han, för då går det illa med dig. Papper är det farligaste som finns, sa han.

– Jag beklagar, anmärkte Asmodeus med en axelryckning, i så fall kan jag inte hjälpa er.

I detsamma drog sig Edla Josefsson till minnes, att oraklets röst tydligt ålagt henne att lyda den mörklätta mannen, att inte vara oförnuftig eller envis. Kontraktets text skrämde henne visserligen, ty hon var verkligen en gudfruktig kvinna, som Planeten mycket riktigt framhållit. Men å andra sidan ansåg hon sig obetingat böra följa de vinkar, som givits henne från ovan. Edla Josefsson var inte en av dessa trotsiga, självkloka naturer, som går till rätta med världsstyrelsen och inbillar sig kunna och böra kritisera försynens outrannsakliga vägar. För den skull plitade hon modigt sitt namn under kontraktet.

– Tack! sade Asmodeus med ett innerligt tonfall, som faktiskt kom från hjärtat. Ovisshetens tunga sten var avlyft från hans bröst. Kunde han bara expediera Engla och förfoga sig tillbaka till Belzebubia inom den knappa timme, som återstod honom, så hade han vunnit vadet med glans. Men här var ingen sekund att förlora.

– Nu kommer turen till Engla! utbrast Asmodeus, i det han stoppade kontraktet på sig. – Jag skall skaffa henne en annan plats. Hon kan till exempel få följa med mig när jag far.

– Nej, men i allande tider, nu ska herr Asmodeus inte gå och göra sig olycklig för min skull! Ta för guds skull och städsla vem annan som helst, men inte Engla, för det ska jag säga, fast fritt att herr Asmodeus är en hurudan karl som helst, så inte rår han på Engla!

Asmodeus kunde inte låta bli att småle.

– Säger fru Josefsson det? Nåja, då kan jag ju skänka henne som souvenir åt min vän Aziel, han har en fru som nog ska ta hund ur Engla.

– Det måste vara en rapper människa, då, den där fru Aziel, sade fru Josefsson med respektfull beundran.

– Jo, det kan ni lita på! sade Asmodeus småleende, och så sköt han kaffekoppen åt sidan och steg upp.

Skälvande av glädje såg Edla Josefsson honom gå direkt ut i köket. Emellertid stängde han dörren så att hon inte kunde höra vad som yttrades.

– Hör nu Engla, sade Asmodeus till den misstänksamma och kampberedda damen, det här är inte någon plats för er. Ni kommer ju inte överens med frun.

– Nä, svarade Engla med ett grin, för hon är ju ett sånt helsikes fån.

– Jag delar fullständigt er åsikt, och därför föreslår jag att ni flyttar nu genast. Hur mycket har ni i lön här hos fru Josefsson?

– Nå, int har ja mer som trettifem i mån, fast här är arbet så införbannat.

– Gott. Jag kan skaffa er en plats med dubbelt så stor lön, men då måste ni följa med nu strax.

– För sjutti mark i mån följer jag med fast till helvetet! utropade Engla entusiastiskt och tog katten Sissi i famnen för att få ett föremål att placera sitt överskott av tillfredsställelse på.

– Bra! sade Asmodeus. – Nu går vi in till mig.

– Va ska vi där och göra? frågade Engla förvånad.

– Det får ni sedan se.

– Hör nu, sade Engla och spände ögonen i Asmodeus, jag vill bara säga herrn, att int är jag nån sån därn, så att pass inga försöka med mig!

– Marsch, käring! vrålade Asmodeus så att lufttrycket ensamt, utan förskräckelsens tillhjälp, kunde ha satt Engla i rörelse.

Englas förbluffning var emellertid ett intet mot den känsla som bemäktigade sig änkefru Josefsson, när hon såg Asmodeus tåga genom korridoren åtföljd av köksan, som fortfarande höll Sissi på armen.

Asmodeus förde Engla in i sitt sovrum.

– Öppna fönstret! befallde han. – Båda halvorna.

Och medan Engla utförde ordern, stjälpte han en av de stora koffertarna på kant.

– Sätt dig på kofferten! sade han i samma kommandoton.

– Det var lögn, det! Har herrn blivit tokig?

– Tig, drake, och lyd! röt Asmodeus så att knäna vek sig under Engla.

Med vidöppen mun sjönk hon ner på kofferten och pressade katten mot sin mäktiga barm.

Klockan i matsalen slog elva.

I samma nu svingade sig Asmodeus grensle på kofferten bakom Englas rygg och slog armarna stadigt om hennes liv.

– Håll i dig ordentligt! skrek han, och Engla fick brått att hala upp kjolen för att bättre kunna knipa om kofferten med knäna. Hon var stum av fasa och stirrade envetet ner på sina grå- och rödrandiga ullstrumpor.

Asmodeus mumlade hastigt några underliga ord. En blå låga fyllde rummet för en sekund, katten jamade jämmerligt, Engla skrek till som en gast, och med ett häftigt väsande flög kofferten jämte passagerare rakt ut genom fönstret.

I svindlande fart bar det av mot söder. Den sällsamma farkosten steg högt i det blå.

En poliskonstapel nere i Sandvikshamnen hörde suset i luften och beslöt att titta upp. Men innan han kom sig för, hade kofferten redan passerat Gråhara, och snart stod den som en liten flugprick på vårens nystrukna himmel.

... utger tankeväckande och märkliga böcker för dig som är intresserad av kuriosa, spekulationer, idé- och vetenskapshistoria. Förlaget publicerar fakta och skönlitteratur för såväl fackmannen som den intresserade lekmannen. Utgivningen är på svenska och engelska.

www.timaiospress.com

Böcker av och om:
Epikuros — Lucretius — Atomism — Francis Bacon — H.P. Lovecraft — Camille Flammarion — Diogenes Laërtius — Emanuel Swedenborg — Erasmus Darwin — E.T.A. Hoffmann — Platon — Andrew Crosse — Och annat.

www.ingramcontent.com/pod-product-compliance
Ingram Content Group UK Ltd.
Pitfield, Milton Keynes, MK11 3LW, UK
UKHW040913300726
14061UKWH00007B/6